U0836196

Y A N J I U G U I F A N Y U X I E Z U O Z H I D A O C O N G S H U

YANJIU SHEJI YU XIEZUO ZHIDAO DINGXING DINGLIANG YU HUNHE YANJIU DE LUJING

万卷方法/研究规范与写作指导丛书
YANJIU GUIFAN YU XIEZUO ZHIDAO CONGSHU

研究设计与写作指导：定性、定量与混合研究的路径

■约翰·W·克雷斯威尔 著 ■崔延强 主译 ■孙振东 审校

重庆大学出版社

Authorized translation from the English language edition, entitled RESEARCH DESIGN: QUALITATIVE, QUANTITATIVE, AND MIXED METHODS APPROACHES, 2nd edition by John W. Creswell, published by Sage Publications, Inc., Copyright© 2003 by Sage Publications, Inc.
All rights reserved, No part of this book may be reproduced or utilized in any form or by any means, electronic or mechanical, including photocopying, recording, or by any information storage and retrieval system, without permission in writing from the publisher. CHINESE SIMPLIFIED language edition published by CHONGQING UNIVERSITY PRESS, Copyright © 2003 by Chongqing University Press.
研究设计与写作指导:定性、定量与混合研究的路径。原书英文版由 Sage 出版公司出版。原书版权属 Sage 出版公司。
本书简体中文版专有出版权由 Sage 出版公司授予重庆大学出版社,未经出版者书面许可,不得以任何形式复制。

版贸核渝字(2003)第 14 号

图书在版编目(CIP)数据

研究设计与写作指导:定性、定量与混合研究的路径/(美)克雷斯威尔(Creswell, J.W.)著;崔延强主译.—重庆:重庆大学出版社,2007.1(2021.12 重印)
(万卷方法.研究规范与写作指导丛书)
书名原文:Research Design: Qualitative, Quantitative, and Mixed Methods Approches
ISBN 978-7-5624-3644-7

Ⅰ.研…　Ⅱ.①克…②崔…　Ⅲ.社会科学—研究方法　Ⅳ.C3

中国版本图书馆 CIP 数据核字(2006)第 155930 号

研究设计与写作指导:定性、定量与混合研究的路径
约翰 · W.克雷斯威尔　著
崔延强　主　译
孙振东　审　校
责任编辑:崔　祝　陈　荟　　版式设计:雷少波
责任校对:方　正　　责任印制:张　策
*
重庆大学出版社出版发行
出版人:饶帮华
社址:重庆市沙坪坝区大学城西路 21 号
邮编:401331
电话:(023) 88617190　88617185(中小学)
传真:(023) 88617186　88617166
网址:http://www.cqup.com.cn
邮箱:fxk@cqup.com.cn(营销中心)
全国新华书店经销
重庆市联谊印务有限公司印刷
*
开本:787mm×1092mm　1/16　印张:13　字数:227千
2007 年 1 月第 1 版　2021 年 12 月第 15 次印刷
印数:33 501—37 500
ISBN 978-7-5624-3644-7　定价:29.00 元

本书如有印刷、装订等质量问题,本社负责调换
版权所有,请勿擅自翻印和用本书
制作各类出版物及配套用书,违者必究

作译者简介

约翰·W·克雷斯威尔(John W. Creswell)　内布拉斯加林肯大学教育心理学教授,专门从事定量研究、定性研究和混合研究设计,以及教育学、社会科学和家庭临床医学中方法论应用方面的研究。已写了7部专著,并参编了大量著作,发表了很多学术论文。他新近完成了一部由培生(Pearson)教育出版集团出版的入门性研究方法教科书。此外,还不断写作关于混合研究的论文或著作的有关章节,并正在修改完善一部即将由萨基(Sage)出版社出版的定性研究应用方面的著作。他与其妻子居住在内布拉斯加州的林肯市,两个孩子都已长大成人,分别从事心理学和神经科学研究。他也尝试写诗,并对水上有氧运动情有独钟。当前,他在很多社会学和人类学研究项目上任国家级顾问和方法专家。

崔延强　哲学博士,西南大学校长助理兼研究生院(筹)院长、教授、高等教育专业博士生导师,主要研究领域:古希腊哲学、高等教育哲学、当代大学精神。

孙振东　教育学博士,西南大学教育学院教授、硕士生导师,网络杂志"教育学在线"(http://cyber.swnu.edu.cn/mcjy/cyber/index.html)执行主编,主要研究领域:教育基本理论、教育研究方法与方法论等。

译者前言

曾几何时，由于工具理性一度对价值理性的排挤甚或垄断，对于喜顿悟与思辨的哲学研究者而言，这无异于除根的苇草，思想的翅膀再也不能放飞于与宇宙同宽的世界，理性的戕害何至于如此歇斯底里而燃萁自煮呢？因此，在部分无知的技术手段对孕育科学思想的哲学土壤的嘲笑中，出于不屑一顾的狂傲自尊渐渐变得目空一切起来。在日积月累的苦思冥想中，正扛着拯救灵魂的大旗，突然的一天，明白了，“道不忌器，商不背利”，照顾包括饥饿在内的感官的满足似乎变得并不比追问公正的本源或道德的根据更加低廉，“上下求索”在一夜间成了平衡日月心性和五谷杂粮的无间道，“器者，道之动”，无器之实，何来道之道？物有本末，事有终始，故返璞方能归真。这又成了一个理想和任务！

约翰·W·克雷斯威尔所著的这本方法方面的经典之作，并未显现工具与价值的明分泾渭，尤其是其第2版，如果说有什么是超越其学术水平和方法创新的话，那就是他在自然的科学研究的脉络中，概括出的那个综其定量与定性的混合实践及其三者所依据的理论前提，在哲学的视野中，它不是一般的实践应用，而是一幅关于学术自然的纯真素描，它仅是表达了事物的本来应有之相而已，故而，在理论的探险中，它并无任何道德的风险。它尤其对当前部分不谓中庸、仅执一端的专家们提出了一个挑战，不仅定性与定量之间是和舟共济的，而且其存在的前提更是以哲学的理念为基础的。学术不可偏废，在此似乎非常直白。想想至今还广为存在的国内价值二分法，不仅悚然于长叹。某华裔诺贝尔奖获得者曾明言：国内尚无其壤，“道者，器之先”，仔细想想，五千年文化早已告知的道理，何以至今难产？而此书似乎能够告以答案。在此，自不赘述，屈就而阅之者，自会从中省然。

译者皆非技术的行家，方法的基础自然欠缺，因此，在构筑这个“存在之家”

时，无疑会有所“破碎”，并且在品评其内容时，就不对其应用上的优点面面俱到了，在此只提出译者认为大多数读者可能会忽略的要义，尽管在方家看来，这有可能是“言它而未顾左右”，但毕竟尚未南辕而北辙，这也正是译者大胆接受翻译任务的原因。

“工欲善其事，必先利其器”，是本书新版雕刻的启示，“器之先”，必有“事之最”，这是文化繁荣的内因。然“器欲善其事，必先顾其道”，更是本书的留白，望读者善断其要！

在本书的翻译中，对人名、地名和单位名称以及学界通行的专业术语基本上按传统方式译，如有不同，则一律在译文首次出现处后的括号内保留原文，以备各位专家指正。

毕竟，在思辨理性和规范理性之间，总有一些裂隙，带着感性的冲动，能否把握住理性的缰绳尚待检验，因此，译文中的诸多不妥不当之处，请各位方家多予批评！

本书的翻译几易其稿，最后一稿的责任分工是：崔延强负责整个翻译过程的指导和统稿工作，孙振东负责全书的审校工作，并对一些关键语词予以了处理。本书翻译的分工是：前言、第1章，肖世洪；第2、3章，张漫琴；第4、5章，吴妍；第6、7章，李日容；第8、9章，谢俊；第10、11章，张圆。此外，张彦、戴冰等同志也为初稿付出了大量的劳动。正是在重庆大学出版社崔祝先生、雷少波先生和其他同仁的慧鉴之下，本书得以纳入被选之列，也正是在他们的鼎力支持下，才得以成稿，在此，谨表谢意！同时，在编辑组稿的过程中，编辑同志的严谨与认真，一直给译者留下了深刻印象，也正是如此，才让译者真正看到了清纯的学术之路上匍匐的光明！

译　者

2006年10月20日

英文版前言

写作目的

本书力求为人文社会科学中的定性研究、定量研究和混合研究设计提出一个框架、一种步骤和一些综合建构方法。本书中对三种研究路径进行专门的比较探讨，是由于人们对定性研究的兴趣和应用日益增长的同时，继续沿用定量研究设计，并且出现了混合研究。这一比较探讨从初步思考三种研究路径共同的知识线索、文献综述和反思学术探究中写作与学术伦理问题的重要性入手，进一步提出研究中的关键要素：写导言，陈述研究目的，确定研究问题和假设，理论的运用，定义、定界和阐明研究意义，提出数据收集、分析的方法和步骤。在这一过程的每一阶段，读者都会接触到定性研究、定量研究和混合研究的方法。

封面（原版封面——译者注）设计图描绘的是一座坛场，它是一种印度教或佛教的宇宙象征。创建一种研究设计，正如创造一座坛场，要求将“大画面”看作是无数细节的精心雕饰而成——也就是所谓的“积沙成塔”，而细节则往往就是个别具体颗粒作的沙子。坛场同时还表明了整体中各部分之间的相互联系，也反映了研究设计中各个要素自身又构成了一个完整研究。

适用对象

本书是为正在准备一个研究计划或构筑一个有关于学术期刊文章、专题论文及毕业论文方案的研究生或教师而作。从更广的范围看,本书可用作研究生课程的参考书或教材。为了最有效地利用好书中的独特设计方法,读者最好对定性和定量研究有一个基本认识。当然,书中也对相关术语进行了解释并提供了一些适当的策略,以助于在设计过程中需要引导的读者。本书同时试图在人文社会科学方面发挥更广泛的作用。读者对本书第 1 版的评论和反应表明读者来自不同学科和领域,我希望在诸如市场营销、管理、刑事审判、心理学、社会学、初等教育、中等教育、高等教育、护理、保健、都市研究、家庭研究和其他领域的读者都能够发现这个版本更加实用。

版本体例

每一章,我都加入了选自不同学科的各种例证,这些例证选自书籍、期刊、学位论文方案以及学术论文。虽然我的主要研究领域是教育学,然而例证却力图包含人文社会科学的各个学科。与社会研究者通常研究的样本和总体一样,这些例证既反映了有关社会公正的问题,也体现了有关边缘人群研究的案例。其广泛性还延伸至当前研究方法的多元性,并对可供选择的哲学理念、研究的多变模式和大量的程序进行了讨论。

本书不是一本详尽的方法教材,而是着重探讨研究设计的一些本质特征。所讨论的研究策略只限于常用的方式:定量研究中的实验和调查;定性研究中的现象学(phenome nology)、民族志、扎根理论(grounded theory)、个案研究(case study)和叙事研究(narrative research);混合研究中的并行法(concurrent)、顺序法(sequential)和转换法(transformative)设计。尽管正在准备学位论文计划的学生会发现这本书很实用,但有关向学位委员会对研究进行介绍和答辩的策略方面的知识只有在其他教材中才会全面地涉及。

本书与一般的学术写作惯例保持一致,尽量避免使用与性别歧视和种族主义倾向有关的词语和例证。选取的案例尽量提供从性别到文化的各个层面。

我对定性和定量研究并没有特别的偏好——读者会发现我有时以定性研究的例子开头,有时又以定量研究的例子开头,这只是根据具体情况而定。本书所引用的较长的例子中,很多文献用不同字体列出。只有被我用作例证的文献在这里才被引用,而不是某个案例中的全部参考书目都罗列出来。

在第 1 版的基础上,我保留了提高材料可读性和易理解性的特点。这些特点包括:突出关键点;罗列要点以突出一个过程中包含的步骤;在较长章节中为读者提供注释,以说明融合到篇章中的关键研究理念;强调了部分词汇以帮助读者扩大关于定量、定性和混合研究领域的词汇量。在每一章的最后都附有写作练习,以训练巩固本章中学习到的原理,章节后面的阅读推荐已经作一个整的理解。

在第 2 版里,根据研究的发展状况和读者反馈,本书添加了新的专题:

- 将混合研究添加到定性研究与定量研究上。每一章,我在阐述前两种方法的基础上,都增加了关于设计混合研究方案或计划的过程的讨论。
- 第 1 版中安排在末尾的关于写作的内容,在第 2 版中前移到了第 3 章。的确,在确定写作计划之前,作者应该首先考虑基本的写作技巧。
- 学术伦理被以一种更为实质的形式纳入。在第 3 章,我用一整节的篇幅讨论了在定量、定性以及混合研究设计中可能出现的伦理问题。伦理问题应该在一项方案开始时就想到。
- 在本书第 1 版出版后,又形成了许多关于定性研究的新想法。第 10 章(有关定性研究步骤的一章)反映出了这一命题的很多新思考,其中包括现在成为大多数定性研究核心的辩护式(advocacy)、参与式(partipatory)和解构(emancipotory)研究方法的发展。
- 同样,自本书第 1 版写成以来,混合研究也逐步发展并成为独立的研究方法。第 1 版中“定性定量结合研究”一章在这一版本中被恰当地改称为“混合研究”,并且对这一章进行了重写,以反映这十年来我的新思考。
- 像为“阅读推荐”增加新的参考资料一样,我为每一章增加了最新的文献信息,以便读者可以把最新的作品和经典读物相结合。
- 在对研究问题和假说讨论的基础上,我列举了更多的例证,明晰了不同写作类型的用法说明。增加的具体实例都是为了更好说明定性研究、定量研究和混合研究。

章节概要

本书分为两部分。第Ⅰ部分(1~3 章)由研究者在其展开研究计划或设计之前应该考虑的一些步骤组成。第Ⅱ部分(4~11 章)讨论形成计划和设计的具体步骤。每章后面都有一个简洁的概要。

第1章 研究设计的框架:本章讨论框架结构对研究设计的重要性。这一框架专注于将研究的知识观、研究策略和具体方法等诸要素整合起来。定性研究、定量研究和混合研究即由它们整合产生。本章帮助研究者区分这三种方式并能在特定的研究中选用恰当的方法。

第2章 文献综述:对相关主题的文献进行综述是设计前的另一个准备阶段。本章分析了一些具体策略,将为研究设计中搜寻和查阅有用的资料提供帮助。

第3章 写作策略和伦理考量:整个写作结构和研究中预计可能出现的学术伦理问题同样是研究设计前必须考虑周全的问题。本章提供了定性研究、定量研究和混合研究方案的写作提纲,并对研究中经常出现的伦理问题提出了一些思考。

第4章 导言:恰如其分地介绍一项课题研究是很重要的。这要求确定研究的问题或焦点,在现有文献基础上框定出研究问题,指出现有文献的缺陷,并确定研究成果的读者群。本章为设计一个方案或研究的学术性导论提供了系统方法。

第5章 目标陈述:在研究计划的开头部分,作者要提到研究的主要目的或意图,这一部分是整个研究方案中最重要的陈述。本章中,读者将学到如何为定性研究、定量研究和混合研究撰写目标陈述,并学到一个写作目标陈述的实用脚本。

第6章 研究问题和假设:研究者提出的问题和假设有助于明确研究目的。研究问题和假设——一个方案中的又一主要指示牌,应当被精心地撰写。在本章,读者会学到如何表述定性研究和定量研究的问题与假设,也能够学到使用以上两种形式来写混合研究的问题和假设。本章列举了大量的例证用于说明这些步骤。

第7章 理论运用:在三种研究形式中,理论为不同的目的而发挥作用。在定量研究中,它们对研究者所测定的变量间的关系提出预计的解释;在定性研

究中,它们通常会起到透析研究的作用或在研究中逐渐生成;在混合研究中,研究者从多方面对理论加以运用,包括那些与定量研究和定性研究相匹配的方式。本章概述了理论如何运用于三种方式的研究中,并引用了例证说明应用的情况。

第8章 定义、定界及意义:所有研究者都会对其将进行的研究设置某种限定和界限。这些界限定义了研究中将用到的术语,限定了研究的范围,说明了实际的应用,并为不同的读者提供了研究的意义。本章帮助读者设计研究方案或计划中的每个部分。

第9章 定量研究的路径与方法:定量研究包括收集资料、分析资料、解释资料和撰写研究结果等几个步骤。具体方法体现于调查和实验研究之中,涉及样本和总体的确定,研究策略的说明,数据的收集、分析,提出结果,作出解释,撰写出符合调查和实验研究风格的研究报告等。通过本章读者将学会调查和实验研究设计的具体步骤。

第10章 定性研究的路径与方法:定性研究在数据收集、分析、报告写作等方面都不同于传统的定量研究。使用目的抽样、收集开放式数据、分析文本和图片、重组数字和图表的信息、对结果的个性化解释等都是定性研究常用的手段。本章提出定性研究设计的步骤,并用包括现象学、扎根理论、民族志、个案研究和叙事研究等方面的例证加以说明。

第11章 混合研究的路径与方法:混合研究的步骤兼用了定量研究和定性研究的步骤。在设计这些步骤中,研究者需要表达使用混合研究的意图并说明它对人文社会科学的实用价值。这些步骤包括:确定研究中使用的混合研究研究策略的类型、数据收集和分析的方法、研究者的角色、既定课题的总体导向构架。本章给读者提供了关于当前混合研究应用的概况,简要陈述为某一既定方案设计混合研究程序的步骤。

设计一个研究方案是一项困难且耗时的工程,本书不一定能使这一过程变得容易,但它将提供设计阶段中一些行之有效的技巧、知识,并提供理顺思路和撰写学术研究的实用指南。在研究过程展开之前,我建议研究方案制订者详细考虑研究的方法,围绕主题进行文献查阅,在方案设计中写出主题提纲,并预先考虑研究中可能出现的潜在学术伦理问题。第Ⅰ部分中已经对此做了介绍。

致　谢

如果没有我曾任教的内布拉斯加州林肯大学的许多博士生的鼓励与创意，这本书就难以诞生。特别是沙伦·赫德森(Sharon Hudson)博士、利昂·坎特里尔(Leon Cantrell)博士、奈提·纳尔逊(Nette Nelson)博士、德托奈克(De Tonack)博士、雷·奥斯特兰德(Ray Ostrander)博士、黛安娜·格林利(Diane Greenlee)博士等作为我的学生及编辑对本书给予了很大的帮助。我同样感激自从本书第1版面世以来，参加了我前期研究方法课程的学生和参加混合研究研讨会的人们。这些课程就是我形成创意的“实验室”，在这里我形成新的观点。与新人的合作，使得我能与他们分享我作为作者和研究者的体验。此外，我还要感谢以下颇有见地的评论者们：韦斯特菲尔德州立学院的苏珊·E·达奇(Susan E. Dutch)，内布拉斯加大学的雷利斯·格拉泽(Hollis Glaser)，安提俄克新英格兰学校的斯迪夫·格雷罗(Steve Guerriero)，肯塔基大学的格拉迪斯·希尔德里斯(Gladys Hildreth)，科罗拉多州立大学的南希·利克(Nancy Leech)，马萨诸塞大学(波士顿分校)的马莎·蒙迪罗—西伯斯(Martha Montero-Sieburth)，科罗拉多州立大学的大卫·莫根(David Morgan)和新墨西哥大学的凯瑟琳·扬(Kathleen Young)。

没有Sage出版社朋友的支持和鼓励，这本书同样难以面世，Sage出版社一直以来都是一流的出版机构。特别要感谢我忠实的编辑朋友C·德博拉·劳顿(C. Deborah Laughton)，在为Sage工作的数十年里，他一直向我提供着富有创见的指导和极具敏锐性的设计，对作为一个作者和研究者的我给予了持久的鼓励。

目　录

第Ⅰ部分　初步的思考

第Ⅱ部分　研究设计

初步的思考

第I部分

本部分指出了在设计研究方案或计划前必须考虑到的几个因素。这些因素包括：为整个设计选择一种路径或框架（即定量研究、定性研究或混合研究）；明了拟进行的研究如何有助于补充或延伸已有研究的文献综述；以及好的写作方法和伦理考量。

第1章　研究设计的框架

在过去的20年里，层出不穷的研究方法为调查研究者提供了更多的选择。我建议在研究的计划或方案设计中运用一种总体性的研究设计框架，从研究的方法论到具体的数据收集和分析程序等各方面给研究提供指导。当然，使用现存的研究设计框架也可让研究者将其研究建立在坚实的文献基础上，并得到阅读和资助研究方案的人们（例如学术委员会）的认可。

在研究方案的设计中究竟存在一个什么样的框架呢？尽管诸多文献对此众说纷纭，但是，我们可以将它们归结为三种：定量的、定性的和混合式的（mixed methods approaches）。定量研究已被人文社会科学工作者运用了多年；定性研究在最近三四十年内才初步形成；混合研究提出最晚，无论是在形式上还是在实质上都正在发展完善中。

本章将向读者介绍这三种研究的路径，我建议要好好理解和把握它们。在此，方案设计者首先需要考虑框架构成的三种要素：建构知识观（knowledge claims）的哲学假设、形成研究策略（strategies of inquiry）的总体步骤，以及收集、分析数据和写作的详细步骤。定性研究、定量研究和混合研究均须由这三大要素组合建构而成。本章将仔细鉴别和讨论它们的异同，然后提出整合这三要素的代表性方案，紧接着分析在研究设计中选择一种路径比选择另一种更好的原因。这种讨论不是一种关于知识本质的哲学专题论述，而是为存于研究背后的某些哲学理念提供实践基础。

研究三要素

在本书的第1版中，我主要关注了两种研究方式——定性研究和定量研究，并运用不同的哲学假定对它们的本体论、认识论、价值论、修辞学和方法论进行了描述（Creswell,1994）。但最近10年中的诸多发展变化使得我有必要重新审视这一观点了。

- 由于仅仅是定性研究或定量研究已不能满足当前社会和人文科学研究的主流方法之需，混合研究应运而生。
- 1994年以后出现的其他哲学假设已经引起了学术界的广泛讨论。尤其是批判性视角、辩护式或参与式视角（advocacy/participatory perspectives）以及实用主义理念（Lincoln & Guba, 2000; Tashakkori & Teddlie, 1998）正被深入讨论。尽管哲学思想大都"潜藏"在研究之后（Slife & Williams; 1995），然而它们却一直影响着研究实践，需要加以鉴别。
- 当前的情况是越来越少地将研究划分为纯粹的定量研究或纯粹的定性研究，更多研究实践处于两者构成的连续统一体中（Newman & Benz,1998）。准确地说，被称为是最好的研究在本质上会更多地倾向于定量研究或倾向于定性研究。为此，在第1章后面将介绍关于定量研究、定性研究和混合研究的典型方案。
- 最后，研究实践（诸如方案撰写）不只涉及哲学假设，哲学理念还必须与广泛的研究方式（策略）相结合，并通过具体的研究步骤（手段）来贯彻。因此，一个研究设计的框架需要把哲学理念、研究策略和研究手段等要素融入这三种研究路径之中。

克罗蒂（Crotty,1998）的观点为研究设计的框架奠定了基础。他提出，在设计研究方案中，需要考虑四个问题：

1. 什么样的认识论——理论视角中的知识论——贯穿于本研究之中（如客观主义、主观主义等）？

2. 什么样的理论视角——哲学立场——潜藏在解决问题的方法论之中（如实证主义、后实证主义、诠释学、批判理论等）？

3. 什么样的方法论——联系着方法和结论之间的行动计划或策略——主导着我们研究方法的选择和运用（如实验研究、调查研究和民族志研究等）？

4. 什么样的方法——技巧和步骤——是我们打算使用的(如问卷法、访谈法、小组访谈等)?

这四个问题体现出研究设计过程中与决策有关的思维层次。不仅如此,明了这些方面还能确保从复杂的哲学假设中选择出来的方法被贯彻始终,它能使在资料收集与分析时所作出的决策更具有可操作性。

照此思路,我把克罗蒂模式概念化于如下三个关于研究设计的核心问题中:

1. 研究者运用了什么样的知识观(包括理论视角)?
2. 什么样的研究策略将贯穿于整个研究步骤?
3. 将使用什么样的资料收集和分析方法?

此外,我画了一张图(图1.1),它揭示了研究的三大要素(知识观、研究策略、研究方法)如何共同形成了不同的研究路径,这些研究路径又依次转换为研究设计的具体步骤。在研究方案设计的准备工作中,首先是评估研究的知识观,接着是考量将会用到的策略和确定具体的研究方法。一旦审视了这三大要素,研究者自然就会明确其方法是定量研究、定性研究还是混合研究。

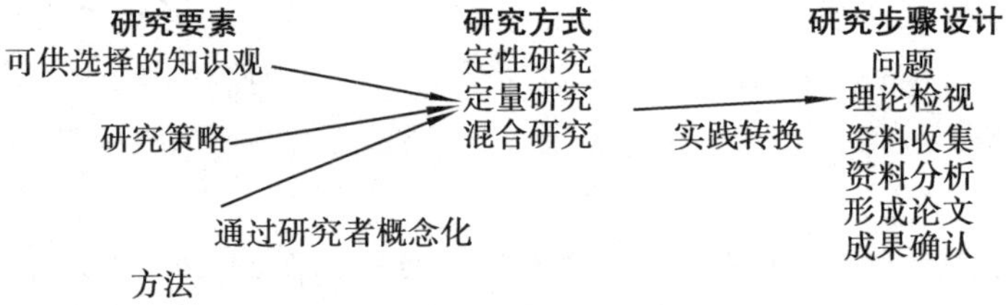

图1.1 从知识观、研究策略和方法到研究方式和研究步骤设计

可供选择的知识观

知识观陈述是指在研究期间,研究者着手一个研究项目时所带有的关于要获得什么以及如何获得的某种假设。这种知识观可以叫做范式(paradigms)(Lincoln & Guba,2000; Mertens,1998),或被称为哲学假定、认识论及本体论(Crotty,1998),亦或被视为研究方法论(Neuman,2000)。哲学化的表述就是,研究者们把知识观界定为什么是知识(本体论),如何认识它(认识论),它有何价值(价值论),如何撰写它(修辞学),以及研究它的程序步骤(方法论,Creswell,1994)。在此将论及有关知识观的四大思想流派:后实证主义(postpositivism)、建构主义(constructivism)、辩护或参与主义(advocacy/participatory)以及实用主义(pragmatism)。以上流派的主要理论观点详见表1.1。在接下来的讨论中,笔者试图把这些哲学理念用于实际研究设计中。

表1.1　可供选择的知识观及其基本观点

后实证主义	建构主义	辩护或参与主义	实用主义
决定论 简化论 经验观察和测量 理论检验	理解 多重参与意义 社会的和历史的结构 理论创建(Theory generation)	政治 权力适应性 合作 变化—适应性	行为效用 问题中心 多元论 指向真实世界的实践

后实证主义知识观

传统意义上,后实证主义者假设已掌握了有关什么是确证为真的知识观念,这种立场通常也被叫做"科学化方法"或"做科学研究",同时也被叫做定量研究、实证/后实证研究、经验科学及后实证主义等。"后实证主义"这个词,是指在思想上渊源于实证主义,但在"知识的绝对真理性"这一观念上挑战传统(Phillips & Burbules,2000),认为当我们研究人类的行为(behavior)和行动(actions)时,我们的知识观是无法"实证"的。后实证主义者源于19世纪的学者,如孔德、穆勒、迪尔凯姆,甚至可上溯到牛顿和洛克等(Smith,1983),这已被诸如菲利普斯和伯布勒斯(Phillips & Burbules,2000)等学者非常明确地提出。

后实证主义主张一种决定论哲学,在这种哲学中,他们认为原因很可能影响结果,因此,就像实验中的结果检验那样,后实证主义者在研究中往往需要检查影响结果的原因。这种方法也是一种简化的方法,实验者的意图就是把某一理念演绎为以备测试的一组更小的、相对独立的观点(比如构成研究问题和假说的变量)。那些经过后实证主义者的透析而发展起来的知识是基于对那些"外在于(out there)"这个世界的客观真实的仔细观察和测量得来的,因此,对后实证主义者而言,开展量化观测和进行个体行为研究至关重要。他们认为,世界是由规律或者理论统治着。这些规律和理论需要我们去查证、核实、提炼它们,以使我们能更好地了解这个世界。因此,在科学的方法中(在此仅指后实证主义者认可的科研方法),每一研究往往都始于理论,研究者为此所收集的资料,要么是为支撑这个理论,要么是为否定这个理论,然后在进行另外的实验前对这一理论作必要的修正。

在阅读菲利普斯和巴利拉斯(Philips & Barillas,2000)的作品时,读者会在

这种结论性假设上获得如下的强烈体认:

1. 知识推测性的,并且是反基础论的(anti-foundational)——绝对的真实永不可见,因此,研究中建立的证明总是有缺陷的和不可靠的。正因如此,研究者并不能确证有关的假设属实,而是要指明需要拒绝的失败。

2. 研究就是一个先定义观念接着为使其他观念更准确而重塑或舍弃该观念某些部分的过程。譬如说大多数定量研究都始于对理论的检验。

3. 资料、证据、理性因素会形塑知识。实践中,研究者通过仪器收集信息这些仪器是通过实验参与者的信息或研究人员记录的观察资料来完成测量的。

4. 研究试图形成一些相对真实的说明,即它能解释所关注的情况或描述研究人员感兴趣的一些偶然性关联。在定量研究中,研究者建立起变量间的关系,然后由此提出问题或假设。

5. 由于客观性是有效研究的必备条件,因此研究者必须排除偏见,检查其研究方法和形成的结论,比如定量研究中的信度和效度标准就是非常重要的。

社会建构性知识观

另一些人宣称知识源于选择和假设。社会建构主义(通常与诠释学相联系,Mertens,1998)就是这种观点。这种理念源于曼海姆(Mannheim)以及伯格(Burger)和拉克曼(Berger & Luckman,1967)的《社会建构的现实》(*The Social Construction of Reality*),还有林肯和古巴(Lincoln & Guba,1985)合著的《自然主义探究》(*Naturalistic Inquiry*)。最近概述了这种观点的学者有林肯和古巴(Lincoln & Guba,2000)、施瓦特(Schwandt,2000)、纽曼(Neuman,2000)、克罗蒂(Crotty,1998)等。他们著作中所持的假设是个体知识来源于他们所生活和工作的环境。个体对自己的经历形成了一些直接指向确定事物的主观性的意义。这些复杂多样的意义使研究者跳出了探寻简单的分类或概念的视野,而开始探寻观点的复杂性。因此,研究的目标应尽可能地向参与者对所研究的情境的看法靠近。为了让参与者能对某一现象的含义形成观点,这些意义常被揉在讨论中,研究者提出的问题不能过于详细、琐碎。当研究者需要了解参与者描述他在日常生活中的所做所为时,开放式问题更能达到研究目的。通常,参与者的主观见解是在一定的社会历史背景下受到各种因素影响得来的。也就是说,这些见解并不是个体经验的单纯复制,而是通过与他人交往(由此产生了社会建构主义)和受个体接受的历史文化规则的综合影响形成的。所以,建构主义者常认为个体之间存在着交流的"过程"。另外,为了清楚参与者的历史文化背景,他们还特别关注参与者生活和工作的情况。研究者认识到对对象的理解是与自己的人生背景紧密相关的，因此，他们在研究中进行“自我定位”，以弄清个人的文化和历史经验如何影响了他们对研究的解释。研究者的意图就是要弄懂（或解释）其他人对这个世界的认识。这类研究是要创造或归纳性地发展一项理论或意义模式，而不是像后实证主义那样从某个理论出发进行研究。

例如，克罗蒂（Crotty，1998）在讨论建构主义时提出了以下几个假设：

1. 当人类与他们所认识的世界发生联系时，意义就被建构了。定性研究者倾向于采取开放式问题以使参加者能尽情地表达他们的观点。

2. 人类改造世界，并从历史和社会的视角去理解它——我们全都生活于我们的文化所赐予我们的意义世界中。因此，定性研究者通过背景探访和个人信息的收集来寻求对参与者背景的理解。他们也对其所发现的一切予以解释，不过这种解释是受研究者自己的经验和背景影响的。

3. 意义的生成总是社会性的，它产生并形成于人类团体的互动。定性研究具有极大的归纳性，研究者所生成的意义来自于自己所处场景中收集到的资料。

辩护/参与式知识观

20 世纪八九十年代，另一群研究者宣称知识是通过辩护/参与的方法获得的。他们认为后实证主义者把并不符合边缘个体或群体，或者并不足以表达社会正义之诉求的那些结构法则和理论强加在了研究之中。历史上，辩护/参与主义（或解放主义）的作者往往借重于马克思（Marx）、阿多诺（Adorno）、马尔库塞（Marcuse）、哈贝马斯（Habermas）和弗雷勒（Freire）的著作（Neuman，2000）。近来，在费伊（Fay，1987）、赫仑和里森（Heron & Reason，1997）、凯米斯和威尔金森（Kemmis & Wilkinson，1998）等人的著作中也能见到此类观点。最主要的是，这些研究者认为，建构主义的观点不能在倡导建立一个有关帮助边缘群体的行动议程上提供足够的帮助。他们觉得，应当把研究与政治或政治议程联系在一起。因此，研究应当包括一个可能会改变参与者的生活、人们生存和工作的环境以及研究者的人生等内容的改革行动议程。不仅如此，还应当关注当今社会的一些重要问题诸如强权、不公、压迫、专制、镇压和隔离等。辩护主义研究者通常把其中某一论题作为研究的焦点开始自己的研究。这种研究同样假定研究者会以合作的方式进行研究，以避免使参与者由于研究结果的影响而更边缘化。在这种意义上，参与者可以帮助设计问题、收集数据、分析信息或者因研究中的参与协作而获得报酬。这种为参与者而发出的“呼吁”逐渐变成要求改革与改变的统一呼声。这种辩护方法或许就意味着为参与者说话，提升他们的觉悟,或者为提升参与者的生活水平而提出变革的行动议程。

这些知识观主要是为社会中那些可能被边缘化或被剥夺选举权的个体或群体提供一种支持。因此,这种理论视角或许已与那些试图把审查的议题、研究的人群及其变化的需要合为一幅美景的哲学假设连为一体。部分这样的理论视角列举如下:

- 女权主义视角(Feminist perspectives)把造成妇女问题的各种法规及传统作为中心议题。研究的主题包括在具体背景中为妇女实现社会正义的政策或介绍有关妇女受压迫的情况(Olesen,2000)。
- 种族主义偏见(Racialized discourses)引起了严重的知识生产和控制问题,特别是在与有色人种和社区有关的知识方面(Ladson-Billings,2000)。
- 批判理论(Critical theory)视野关注鼓励人们解除因种族、阶层和性别差异而形成的约束(Fay,1987)。
- 同性恋理论(queer theory)关注那些自称是女同性恋、男同性恋、双性恋或变性人的个体。这种研究能更大地减少客观主义态度,更多地与文化和政治措施相关联,同时也能更多地传递那些受压抑者的体验和声音(Gamson,2000)。
- 残疾人研究(Disability inquiry)揭示普通学校中招收残疾学生的意义并关注有关的管理者、教师和有残疾孩子的家长。

有关的派别和研究主题多种多样,我的概略介绍不足以概括它们。因此,看看凯米斯和威尔金森(Kemmis & Wilkinson,1998)在研究中总结的有关辩护或参与主义的关键性特征是大有裨益的:

1. 参与性行动是循环或辩证的,它强调研究要给实践带来变化。因此,在研究的最后,研究者会提出变革的行动议程。

2. 它重点帮助个体从大众传媒、语言、工作程序以及教育背景中的权力关系所形成的约束下解放出来。它总是从一个有关社会问题(比如权力问题)的重要观点或立场出发开始其研究。

3. 参与性研究帮助人们从那些限制了自我发展和自我决策的不理性和不公正的社会结构中解放出来。其目的就是为了形成政治争论和公众讨论以使变革出现。

4. 它是一种实践性的和合作性的研究,因为它完全是“同(with)”别人的而不是“外在(on)”别人的或“对(to)”别人的研究。在这种精神下,辩护/参与性研究者在其研究中鼓励参与者成为一位积极的合作者。

实用主义知识观

还有一种知识观来自于实用主义。实用主义源于皮尔士(Peirce)、詹姆士(James)、米德(Mead)和杜威(Dewey)的著作(Cherryholmes,1992)。当代具有实用主义观念的学者有罗蒂(Rorty,1990)、墨菲(Murphy,1990)、巴顿(Patton,1990)和彻里霍姆斯(Cherryholmes,1992)。实用主义有多种形式,其中一些认为,知识观缘于行动(actions)、情境(situations)和结果(consequences),而不是源于后实证主义者认为的那种先行条件(antecedent conditions)。他们关注实用——"什么有用"——以及问题的解决方法(Patton,1990)。与方法相比,问题才是最重要的,研究者要使用所有的方法以理解问题(Rossman & Wilson,1985)。作为混合研究的哲学基础,塔什亚考里和泰德利(Tashakkori & Teddlie,1998)以及巴顿(Patton,1990)阐述了在社会科学研究中集中精力关注研究问题然后用多种方法获得有关问题的知识的重要性。根据彻里霍姆斯(Cherryholmes,1992)和墨菲(Murphy,1940)以及我自己对于这些作者的理解,实用主义为以下知识观提供了基础:

1. 实用主义不属于任何一个哲学系统和现实系统。它适用于混合研究,即研究者在着手研究时,可以在定性研究假设和定量研究假设中自由选择。

2. 不同的研究者有选择的自由,他们可以"自由"地选择与他们的研究需要和目标最相符的研究方法、技术和步骤。

3. 实用主义者并不视这个世界为一个绝对统一体。同样的混合研究者会使用多种收集和分析数据的方法而不拘于一种(如定性研究或定量研究)。

4. 真理是在一定时间内有效的,它不是基于严格的二元论,即在精神或完全独立于精神之外的物质中的。因此,在混合研究中,为了更好地了解研究问题,研究者会同时用到定量和定性资料。

5. 实用主义研究者根据其研究的预期结果,来寻求研究什么(what)和如何研究(how)。混合研究者需要设定有关"混合"的目的,它是为什么需要混合定量和定性资料的首要依据。

6. 实用主义者认同研究总是存在于一定的社会、历史、政治或其他背景中的看法。由此,混合研究可能包含一个后现代转向和一个反映社会公平和政治目标的理论透析。

7. 实用主义者认为(Cherryholmes,1992)我们应当停止有关实在和自然法则的追问。"他们似乎要改变主题"(Rorty,1983,p. xiv)。

因此,对于混合研究者而言,实用主义在混合研究中为多种方法、不同的世界观、迥异的研究假设和多样的资料收集与分析方法大开了方便之门。

研究策略

至此,研究者进入了有关知识观假设的研究设计选择阶段,即就更实用的研究层次而言,进入了能为研究设计的步骤提供具体方向的研究策略(或研究传统,Creswell,1998;或方法学,Mertens,1998)阶段。与知识观一样,由于计算机技术在分析资料和处理复杂模式方面的能力越来越强,并且研究者也发现了一些进行社会科学研究的新程序,使得这些年新的研究方法层出不穷。这些研究策略对于完善研究方法十分有用。在社会科学研究中需要运用的主要策略将在本书第9章、第10章和第11章中讨论,在这些章节中只重点讨论了社会科学中常用的一些研究策略。在这里,我将介绍本书后边会论及的内容和全书都要涉及的示例。策略概览见表1.2。

表1.2　可供选择的研究策略

定量的	定性的	混合的
实验设计 非实验设计,如调查	叙事研究 现象学 民族志研究 扎根理论 个案研究	顺序法 并行法 转换法

与定量研究相关的策略

在19世纪晚期和整个20世纪,与定量研究相关的研究策略往往以后实证主义者的观点为据。这包括真实验研究、不完全严格的实验研究即准实验研究、关联性(Correlational)研究(Campbell & Stanley,1963)以及具体的单一被试(Singl-subject)实验研究(Cooper, Heron & Heward,1987;Neuman & McCormick,1995)。近来,定量研究策略还包含了具有多个变量和控制的复杂实验研究(比如因素设计和重测设计)。它们还包括那些能联结因果路径和鉴别多种变量集合强度的精细方程模型,本书将集中讨论两个研究策略:实验法和调查法。

- 实验法包括:实验环境中随机选择被试的真实验和非随机性设计的准实验(Keppel,1991),准实验设计中包括单一被试设计。

- 调查法包括:为收集数据而使用问卷法和结构访谈法的横向研究和纵向研究,其目的是从样本中推导总体的情况(Babbie,1990)。

与定性研究相关的策略

在 20 世纪 90 年代的定性研究中,有关研究方法的数量和类型变得更为清晰可见。有关书籍对各种各样的类型(如被沃尔科特确认的 19 种策略,Wolcott,2001)已做了简要概括,一些完整的步骤在具体的定性研究方法中得到有效利用。比如,克兰迪宁和康奈利(Clandinin & Connelly,2000)已经构建了"叙事研究者操作"图,穆斯泰卡斯(Moustakas,1994)所讨论的现象学方法的哲学原则和步骤,斯特劳斯和考宾(Strauss & Corbin,1990,1998)已经说明了扎根理论的程序,沃尔科特(Walcott,1990)总结出了民族志的研究步骤,以及斯泰克(Stake,1995)已经确认的案例研究的程序等。本书将从以下策略来阐明:

- 民族志研究。在这种研究中,研究者通过收集资料尤其是观察性的资料来研究一个历经岁月沧桑其文化风貌却完好无损的文化群(Creswell,1998)。这种研究过程是灵活的,并且是典型的结合背景逐步探索现场遇到的鲜活的现实(LeCompte,Schensul, 1999)。
- 扎根理论。在这种研究中,研究者试图从参与者的视角,获取有关过程、行动和互动的全面的抽象的理论。这个过程包括使用多阶段资料收集方法和提炼各类信息并明晰分类资料的相互关系(Strauss & Corbin,1990,1998)。这一研究设计需要注意两点:其一,研究者对不断出现新类别的资料进行的比较需具有一致性;其二,为了尽可能多的收集到反映共性和个性的相关资料,研究者要对不同群体进行理论上的抽样。
- 个案研究。研究者在这种研究中将对某一项目、某一事件,亦或某一行动、某一过程,或者一个或多个个体予以深入研讨。由于案例往往被时间或行动所限制,研究者要持续地在一段时间内使用多种资料收集措施来获取详细信息(Stake,1995)。
- 现象学研究。在这种研究中,当通过研究中的参与者进行现象描述时,研究者要能识别关于现象的人类经验"本质"。理解"经历过的经验(lived experiences)"就是现象学,它既作为一种哲学体系,同样可以作为一种具体的研究方法。其间,为了建立关于意义的关系和模式,研究者往往要对少量的对象进行广泛而长期的考察(Moustakas,1994)。在这个过程中,为了理解参与者,研究者往往把他(或她)自己的经验也囊括进了意义系统之中

(Nieswiadomy,1993)。

- 叙事研究。这是一种研究者研究个体生活的调查形式,它通过研究者向一个或多个个体询问从而获得关于他们生活的故事,然后,研究者用一种叙事年表的方式把这些信息转述或重新编写下来,最后,通过这种叙事法把参与者的生活及其观点与研究者的生活及观点联结为一种新的叙事体(Clandinin & Connelly,2000)。

与混合研究有关的策略

与定量或定性研究法的策略相比,更少为人所知的是在一个单一的研究中综合运用了定量方法和定性方法来收集和分析资料。这种综合不同方法的理念大概源于1959年,即当坎贝尔(Campbell)和费克斯(Fiske)运用多种方法去研究心理特质的效度之时。他们鼓励其他人使用"多方法矩阵(multimethod matrix)"来检验研究中使用的多种资料收集方法。这促使人们将多种方法混合使用,不久与田野研究法有关的一些方法诸如观察法和访谈法(定性研究资料)就与传统的测量法(定量研究数据)结为一体(S. D. Sieber,1973)。由于认识到所有研究方法都具有局限性,研究者感到任何单一研究方法中存在的不足都可能会在其他方法中得到中和或消除。资料来源三角法(triangulating data sources)——一种通过定性法与定量法寻求资料综合的方法——诞生了(Jick,1979)。从三角法的原始概念中出现了综合资料的不同类型的另外的原因,比如,从一种方法得出的结果可以帮助改进或补充另一种方法(Greene,Caracelli & Graham,1989)。作为一种选择,为了便于把握不同分析层次和不同分析单元,一种研究方法可以被嵌构到另一种研究方法之中(Tashakkori & Teddlie,1998)。或者一种研究方法可以为改变或鼓励诸如妇女、少数民族/种族、男/女同性恋组织成员、残疾人或穷人等边缘群体(Mertens,2003)这一更大的、更具变革性的目标服务。

这些有关开展混合研究的理由已引起世界各地的学者开发使用混合方法研究的步骤,并且在文献中到处出现了与之有关的术语,比如多元方法(mulimethod)、收敛法则(convergence)、整合(integrated)和联结(conbined)(Creswell,1994)以及调整研究过程(Tashakkori & Teddlie,2003)等。

在此,本书特别介绍三种普遍使用的策略及其所包含的多种变式:

- 顺序法(sequential)。在这种方法中,研究者尽量用某种方法来详细阐述和说明用另一种方法所得到的研究结果。这可能涉及为探察目的而首先使用了定性法,接着为从结果中演绎出总体的情况而使用了大量样本的定量法。另一种可能是研究一开始用定量法来论证理论或概念，接着使用了对一些案例和个体的详细探究的定性法。

- 并行法(concurrent)。在这种方法中，研究者为了对所研究的问题进行全面的分析而把定性资料与定量资料综合起来使用。在这种设计中，调研者在研究中同时收集两种形式的资料，然后把这些信息整合到对整个研究结果的理解之中。同样，在这种研究设计中，研究者往往把用一种方法得来的资料嵌套在另一种方法获得的资料之中，这样增加资料收集的过程是为了分析某一组织结构中不同方面的问题或单元层次。
- 转换法(transformative)。在这种包含了定量资料与定性资料的研究设计中，研究者把一种理论视角视为“最佳视角(overarching perspective，见第7章)”。这种视角为研究中的一些有趣的主题提供了框架，为资料收集提供了方法，同时也为预期的结果及其变化提供了一种分析工具。这种理论视角中也可能包括了顺序法和并行法的资料收集方法。

研究方法

研究方案中第三种主要的影响因素就是资料收集和分析的具体方法。如表1.3所示，在任何一个研究中考虑以下情况都是十分有益的：尽可能多地罗列出收集资料的方法，并根据它们的特点——开放的还是封闭的提问、数据型的还是非数据型的分析——加以组合。这些方法将被作为定量研究、定性研究和混合研究的方法在第9章到第11章中进一步论述。

表1.3　定量研究、定性研究和混合研究

定量研究	定性研究	混合研究
预设问题 基于问题的工具 行为数据、态度数据、观察数据、普查数据 统计分析	呈现方法 开放式问题 访谈资料、观察资料、文献资料、视听资料 文本和图像分析	既有预设法又有呈现法 既有开放式问题又有封闭式问题 源于所有可能的多重数据形式 统计和文本分析

研究者通过某种工具或测验(如一套有关自尊的态度问卷)来收集数据，或者根据拟定的行为清单(如研究者观察一个进行复杂技术操作工人的行为)来收集信息；另一方面，研究者也可以通过在无预设问题的情况下走访研究点以及观察对象行为；或在没有详细提纲的情况下对研究对象进行访谈，让他们就

一个话题自由发挥。研究者对收集信息方法的选择,取决于是先于研究去详细说明所收集信息的类型还是在研究过程中让参与者的信息呈现出来。同时,资料的类型可能是用工具收集的数据或者大量的文本信息,它们记录和报告了参与者的信息。在资料收集的一些形式中,定量数据和定性数据都兼而有之。工具记录的数据可能会因同时使用开放式观察而增加,普查数据也可与深度访谈资料结合。

研究的三种路径

知识观、研究策略和研究方法都是为"趋于"定量化、定性化或混合化的研究路径服务的。表 1.4 列出的差异可能对研究方法的选择是有益的,这个表也包括了将在本书余下的章节中所强调的三种路径的实践。

表 1.4　定性研究、定量研究和混合研究

趋向或特征	定性研究	定量研究	混合研究
哲学假设	建构主义/辩护或参与式知识观	后实证主义知识观	实用主义知识观
研究策略	现象学方法、扎根理论、民族志、案例研究和叙事研究	测量和实验	顺序法、并行法和转换法
研究方法	开放式问题,即时呈现的方法、文本或图像资料	封闭式问题、预设的方法及数量资料	开放—封闭式问题、即时呈现—预设方法、定性—定量的数量和分析
研究者的操作	确定研究者在研究中的位置 收集参与者的看法 关注单一概念或现象 研究中带入个人价值观 研究参与者的背景 验证结果的精确性 解释数据 创设变化或变革议程 与参与者合作	验证理论或者解释 确定研究变量 阐述问题或假设中的变量 信度和效度的应用标准 观察和测量数量化信息 使用无偏见的方法 使用统计程序	既收集定量数据又收集定性数据 为了整合研究中不同的资料而创设理论依据 提供一个可视的研究步骤图 使用定性和定量研究的具体方法

下面的定义有助于进一步澄清这三种路径：

- 定量研究是指研究者主要运用后实证主义知识观来建构知识（如因果联想、具体变量、假设和问题的减化、测量和观察的运用以及理论检测），使用诸如实验调查等研究的策略以及用事先确定的工具收集统计数据。
- 定性研究是指研究者通常基于建构主义的视角（即个体经历多重意义，意义的社会性建构或历史性建构，建构理论或形式理论模式的意图）来建构知识观，或用辩护/参与式视角（即政治的、观念趋向、集体主义、变化适应性）来建构知识观，或二者兼而有之。定性研究还运用诸如叙事、现象学、民族志、扎根理论及案例研究等研究方法。在此方法中，研究者以从资料中提取主题为初衷进行开放式或呈现性资料的收集。
- 混合研究是指研究者以实用主义为基础（如效用倾向性、问题中心主义和多元化）建构知识观。它运用顺序法或并行法等资料收集方法为研究策略，以能最好地理解所研究的问题为目标，资料收集包含数量信息（如工具性数据）和文本信息（如访谈数据）两方面，以使最后的数据库既能代表定量研究，也能代表定性研究。

为了认识这三个要素（知识观、研究策略和研究方法）在实践中怎样组合，我草拟了表1.5所示的几种典型情况：

表1.5　四种相互联系的知识观、研究策略和研究方法

研究路径	知识观	研究策略	研究方法
定量	后实证主义的假设	实验设计	态势测量，行为评估
定性	建构主义的假设	民族志设计	田野观察
定性	解放主义的假设	叙事设计	开放式访谈
混合	实用主义的假设	混合法设计	封闭式测量，开放式观察

- 定量研究：后实证主义知识观、研究采取实验策略、对态势测量采用前测和后测。

在这种情况中，研究者通过详述其精确的假设和数据收集过程（要么支持要么反驳其假设）来检测理论。在实验处理前后的态势评估之中往往要进行实验设计。并且通过测量工具所收集的信息对态势进行量化，进而用统计进行信息分析和假设检验。

- 定性研究:建构主义知识观、民族志设计和行为观察。

在这种情况下,研究者尝试从参与者的视角出发建立有关现象的意义,这意味着要确定一个文化共享的群体并研究它在过去是怎样发展出共享模式的(如民族志方法),收集数据的关键之处就是通过参与参与者的活动观察他们的行为。

- 定性研究:参与主义知识观、叙事法设计和开放式访谈。

在这种研究中,研究者关注的是个体痛苦的问题,为了研究它,调查者将采取一种叙事手法收集个体痛苦的故事,并对这些个体进行一定程度的访谈,以确定他们经历过怎样的痛苦。

- 混合研究:实用主义知识观,按顺序既收集定量数据也收集定性数据。

研究者的研究建立在收集多种类型的资料将有助于更好地理解研究问题的假设之上。为了从结论中归纳出总体的情况,研究将始于较大范围的调查。在第二阶段时,研究将侧重于以细化的定性和开放式访谈的方法收集参与者对有关问题的详细看法。

选择研究路径的标准

在给出的这三种研究路径中,选择此比选择彼更好的原因是什么? 这主要从三个方面考虑:研究的问题、研究者个人的经验以及报告的受众是谁。

与问题的匹配

某类社会问题的研究要求特定的路径方法。正如在第 4 章中所讨论的一样,研究的问题就是一个被提及的观点(issue)或想法(concern)(例如:一种干预措施是否比另一种干预措施效果更好),比如说,研究的问题是要确定影响结果的因素、干涉的效果,或是理解能预示结果的征兆,那么,最好使用定量研究。同样,在检验一个理论或解释时,它也是最好的方式。另一方面,如果要理解一个几乎未被研究过的概念或现象,那么就可考虑使用定性研究。定性研究具有开拓性,并且在研究者不知道研究中所要检测的重要变量时,它特别有用。有些研究中会出现这样的情况,研究的主题在一定的样本或人群中从未被提及,或现有理论无法适用于研究中特定的样本或群体,此时,由于这一全新主题的出现,定性研究方式就可能被用到(Morse,1991)。

混合设计在取得定量研究与定性研究各自的优势方面是有用的。例如,研究者可能既要概括出有关总体的结果,又要充实个体对某一现象或概念理解的详细观点,在这个研究中,调查者首先要大概知道研究中涉及的变量,然后以大量的个体作为样本来研究。除此之外,研究者可以先调查大量的个体,然后选取其中的一部分进行调查以获得他们关于研究主题的具体说法和想法。在这类情形下,收集封闭式定量数据和开放式定性资料的优点被证明是最利于理解研究问题的方法。

个体经历

方案的选择往往也取决于研究者个人的受教育程度和经历。如果某人在技术、科学写作、统计学及计算机统计程序方面接受过长期训练,同时也熟读图书馆中有关定量研究的期刊,那么他就很有可能选择定量设计。定性研究则需要大量的写作、计算机文本分析、组织开放式访谈和观察的经验。混合研究者既要熟悉定量研究,也需要熟悉定性研究,同时还要明白综合两种数据形式的基本原理,以便对整个方案有一个清楚的认识。混合研究方式同样要求研究者具备有关不同混合方法的设计方面的知识,以有助于更好地组织研究程序。

定量研究是传统的研究模式,因此严格的研究程序和规则已被广泛使用。这意味着研究者在使用定量研究中高度系统化的程序时可能会更轻松。对某些人来说,用定性或辩护/参与式的研究来挑战被大众接受的方法会感觉到有些不便。然而,即便在研究者设计好的研究框架内,定性研究方式仍提供了更多革新和工作的空间,它们允许有更多创造性、文学式写作或其他个人喜欢的方式方法。对于辩护/参与主义者而言,无疑存在一个强烈刺激使其去寻求个人所感兴趣的主题——关注边缘群体并为他们及每一个人创建一个更好的社会。

对于混合研究者而言,由于要收集和分析定量、定性数据,研究将要耗费较多的时间。这样的研究方式适合那些既喜欢定量研究的结构又喜欢定性研究的灵活性的人。

受　众

最后,研究者要关注听取他们研究报告的人们。这些人可能是期刊编辑、期刊读者、学术委员会成员、会议列席人员或者学界同仁。学生们应该考虑被他们的导师所特别支持和运用的方法。这些受众在定量、定性或混合研究方面的经验将影响他们对这些研究方式的选择。

小 结

设计一个研究方案的基本考虑是确定研究框架,在本章中讨论了三种研究路径:定量研究、定性研究和混合研究。它们包含了作为知识观的哲学假设、研究策略和具体的研究方法。当哲学、策略和方法相组合时,就形成了指导研究的不同框架,选择运用哪一种研究方式是以研究的问题、个体经历和写给谁看、讲给谁听为基础的。

写作练习

1. 确定期刊文章中的研究问题并讨论什么研究方式最适合研究此问题及原因。

2. 找出你所喜欢研究的主题,并用表 1.5 所列出的由四种组合的知识观、研究策略和研究方法讨论如何运用每一种组合去研究。

3. 选择一篇定量、定性或混合研究的期刊文章,找出其中能说明它用一种研究方式比用另一种方式好的"标志"。

阅读推荐

- Cherryholmes, C. H. (1992). Notes on pragmatism and scientific ealism. *Educational Researcher*, 14, August-September, 13-17.

彻里霍姆斯对实用主义与传统科学研究进行了对比。这篇文章的重点是对实用主义作家作品的大量引述和对不同实用主义版本的澄清。作者通过指出实用主义是被预期的结果、不愿讲述真实故事及一个独立于我们思想之外的外部世界的理念所驱使,来阐明自己的立场。

- Crotty, M. (1998). *The foundations of social research: Meaning and perspective in the research process.* London: Sage.

米歇尔·克罗蒂为了把许多认识论观点、理论视角、方法论和社会研究方法紧密联系而提出了一个有用的框架。他把研究过程的四个部分联系起来,并把各组成部分中相关主题的代表性范例列在一个表中,然后继续讨论了社会科学中诸如后现代主义、女性主义、批判研究、诠释学、建构主义和实证主义等九个不同的理论倾向。

- Kemmis, S., & Wilkinson, M. (1998). Participatory action research and the study of practice. In B. Atweh, S. Kemmis, & P. Weeks (Eds.), *Action research in practice: Partnerships for social justice in education* (pp. 21-36). New York: Routledge.

凯米斯和威尔金森提出了一个优秀的参与主义研究观。尤其是,他们注明了这种研究方式的六个主要属性,并进而讨论了如何在个体、社会及其二者之间进行行为研究的实践。

- Lincoln, Y. S., & Guba, E. G (2000). Paradigmatic, controversies, contradictions, and emerging confluences. In N. K. Denzin, Y. S. Lincoln, & E. C. Guba (Eds.), *Handbook of qualitative research*① (2nd ed., pp. 163-188). Thousand Oaks, CA; Sage.

林肯和古巴提出了社会科学研究中五种可选择的研究范式的基本信念,扩展了早先在《定性研究方法》(Handbook of qualitative research)第 1 版中所提出的有关实证主义、后实证主义、批判理论、建构主义和参与主义范式的分析,每一个都是根据本体论(如客观实在性)、认识论(如我们如何知道我们所知的)和方法论(如研究过程)而提出来的。参与主义范式给最初在第一版所提出的那些范式又增加了另一个可选择的范式。在简略地提出这五种方法以后,作者根据诸如知识的本质以及知识如何得以积累等七个问题对它们进行了比较。

- Neuman, W. L (2000). *Social research methods: Qualitative and quantitative approaches* (4th ed.). Boston: Allyn and Bacon.

纽曼提供了一部基础的研究方法教科书作为社会科学研究的导读。对于理解不同的方法论意义特别有帮助的是标题为"方法论意义"的第 4 章,在这一章中他根据八个问题(如什么构成了社会现实的解释或理论? 良好的证据或真实的信息看上去像什么?)对照了三种方法论——实证社会科学、诠释社会科学和批判社会科学。

- Phillips, D. C., & Burbules, N. C. (2000). *Postpositivism and educational research.* Lanham, MD: Rowman Littlefield.

菲利普斯和伯布勒斯概述了后实证主义思想的主要观点。通过什么是"后实证主义"和"后实证主义研究者的哲学信条"这两章,作者提出了有关后实证主义的主要观点,尤其是那些与实证主义相区别的观点。包括认识到人类知识与其说是不可争议的倒不如说仅是推测的,以及那些确保知识为真的东西必将在更深远研究的光照下黯然消逝。

① 本书将于 2007 年 1 月由重庆大学出版社以四卷本的形式出版中译本(风笑天等译)。详见重庆大学出版社"万卷方法"。

第2章　文献综述

除了要进行定性研究、定量研究或混合研究方式的选择外，研究方案设计者还需要进行文献综述。文献综述有助于研究者限定研究范围并向读者说明研究课题的重要性。

本章继续讨论在着手一个方案前所要做的基本选择。首先讨论的就是研究主题的选择和表述。把研究主题写出来以便研究者能继续反思它，此时，研究者仍应考虑主题能否研究以及是否应该研究。然后，本章讨论进入文献综述的实际过程，首先阐述了在一项研究中运用文献的一般目的，然后阐述了一些有关定性、定量和混合研究文献综述有用的原则。

确定主题

在考虑采用什么文献以前,研究者首先要确定研究的主题并反思它是否具有可操作性及能否有效代表研究意图,然后用几个词或者短语把主题描述出来。这个主题就成为研究中需认识或探索的中心问题。

当研究者开始他们的研究时,一般都有多种途径深入了解其主题。我认为,主题是由研究者来选择的,而不是由导师或者学术委员会成员来选择的。在此,有几个策略能有助于确定主题。

一个策略是草拟出研究的简要标题。我对研究者在他们的研究中常不能较早地草拟出标题感到意外。在我看来,研究主题是研究的主要路标,是方案执行中,能保持反复思考和不断改进的活灵魂(Glesne & Peshkih, 1992)。我发现,在我的研究中,主题给我的研究提供了支撑和线索,同时也为向其他人传达我研究的核心理念提供了帮助。当学生们最初给我看他们的研究计划书时,如果他们没有一个研究主题,我就会要求他们提供一个。

这个研究主题该怎么写呢?尝试完成这样的句子:"我研究的是……"。反应可能是:"我研究的是高年级小学生中的边缘儿童",或者是"我的研究是帮助学院的教员成为更优秀的研究者"。在研究设计的这个阶段,提出的研究问题应当隐含着一种答案,以便于其他学者把握该研究计划的意义。初学研究的人往往存在一个共同的缺陷,那就是用复杂和深奥的语言来描述他们的研究,这可能是由阅读了那些在付印前已多次改编的文章所导致的,但凡优秀、合理的研究方案都是始于简便易懂、朴素直观的思路。

易于理解的标题也应当体现好标题的原则,威尔金森(Wilkinson,1991)为拟定标题提供了有用的建议:用词简洁,力避冗余,减少诸如"关于……的方法"或"关于……的研究"等这样一些不必要的词。在拟稿时,可以用单一的标题也可以用双标题,比如"一项人种志研究:解读孩子……"就是用的双标题。除了威尔金森的主张之外,拟定一个标题一般不……要大量减少冠词和介词,并确保能概括研究的焦点和主题。

书刊检验
合格证
01

确定主题的另一个策略是用简略的问题拟……一个研究时需要回答什么样的问题呢?研究者可能问:"什么……压抑而言是最好的?""成为当今美国社会中的阿拉伯人意味着什么?"或者"什么因素会让人们前往中西部旅游?"。在草拟这些问题时,应多关注作为研究路标的核心主题,并思考这些问题在随后的研究中如何扩展以更好地体现研究目的(参见第5、6章有关目的说明、研究问题和假设部分)。

可供研究的主题

为了积极提炼研究的主题,还要求反思那个主题能否研究以及是否应该研究。如果参与者愿意配合研究,那么这个主题可研究;如果研究者拥有研究的关键性资料,譬如拥有一段时间内的数据资料并能分析出信息,如通过数据或文本来分析项目,那么这个主题也可以研究。

有关"应该(should)"的问题更为复杂。有几个因素可能影响这一决定,或许最重要的还是该主题能否为研究知识库增添新内容。任何方案的第一步都是将许多时间用在对相关问题的资料查阅上(参阅本章后面部分的有效运用图书馆和图书资料的内容)。但是,不能过分强调这一部分。有些初学的研究者可能提出一个在诸如研究问题的阐释、综合性数据和统计分析等方面都非常完善的大的研究计划,但却几乎不可能获得学术委员会或会议主办者的任何支持,原因是这个研究并未给相关主题增加"任何新东西"。要问一问"该研究项目对已有研究有何助益?",思考一下该研究如何阐述一个已被考察过的主题,如何通过加入新元素来拓展这一研究,或者如何在新的条件或新的研究参与者加入的情况下来重复这一研究。

主题是否"应该"被研究的问题,也与研究者单位或地区以外的其他人是否对主题感兴趣有关。假如给出两个主题,一个是仅限于一个地区的人有兴趣,另一个则是全国的人都感兴趣,我会选择后者,因为它对全部读者的吸引力能帮助读者共享研究的价值。期刊编辑、委员会成员、会议主办者和投资商都喜欢那些拥有广大读者群的研究。最后,"应该"的问题也与研究者的个人目标有关。应该考虑到完成、修订研究和发表研究成果的时间花费。任何一个研究者都应当考虑一项研究及为之花费的大量时间如何才能对其人生目标有所增益,不管这些目标是为了从事更多的科研,还是为将来获得一个应有的地位,亦或获得学位。

研究者在执行方案或开展研究之前,需要权衡以上这些因素并向其他人征询对研究选题的意见。要善于从同事、学界权威、学术前辈及学术委员会的成员那里获得反馈。

文献综述的目的

学术研究中的文献综述要实现若干目的。文献综述将与读者一道分享那些早已完成的与本研究紧密相关的其他研究成果；它能使研究超越时空就相关问题进行对话（Cooper，1984；Marshall & Rossman，1999）；它为确定研究的重要性提供了一个框架，也为与其他相关研究成果进行比较提供了一个基准。以上几点就是所有或部分在研究中要写作学术文献的原因（参看 Miller，1991，可了解研究中应用文献资料的更多目的）。除了“为什么要进行文献综述”这个问题外，还有一个问题，就是在三种研究路径中，文献综述的使用有何不同。

定性研究、定量研究和混合研究中的文献综述

在定性研究中，研究者运用文献的方式要与对参与者的认识的假设一致，并且不能站在研究者立场指定需要回答的问题。进行定性研究的主要原因之一在于研究是具有探究性的。这意味着对相关主题，或对该总体的研究还不是很多，并且研究者试图通过倾听参与者的描述从而对其思想观念建立起相应的理解。

然而，定性研究所能利用的文献是依研究的方法不同而多寡不一。在诸如民族志、批判民族志等理论导向性定性研究中，某种文化概念基础上的文献或文献批判理论基础上的文献被早前的研究者作为导向性框架予以介绍了。在扎根理论研究、个案研究和现象学研究中，文献很少能为建立研究的步骤服务。

以对研究参与者的了解和定性研究的变化类型为基础，我们看到了几个定性研究中与文献相互联系的模式，我把它们合为三个方面。正如表 2.1 所示，其间的任一或所有地方都可运用文献综述。在这种处理中，文献为导向研究所需的问题或观点提供了有用的背景，比如谁写了它，谁研究了它，以及谁指出了研究这一观点的重要性等。当然，这种“建构”是依现有研究而定的，在运用不同研究策略的很多定性研究中能够看到这种形式的例子。

第二种形式是用一个独立的部分进行文献综述，这是定量研究的典型模式。当其受众是由通晓定量研究的个人或读者组成时，便经常使用这种方法。此外，在诸如民族志研究、批判理论研究、辩护/参与式研究等几类以理论为前

导的定性研究中,研究者要把理论分析和文献综述单独作为一个部分,特别是在研究开始时。第三,研究者可以把文献综述融入研究的最后一部分,在这一部分里,文献通常是与研究的成果(或主题、或范畴)进行比较和对照,这种模式在民族志研究中特别受欢迎。我之所以提到它是因为它对文献的运用具有归纳性。

表 2.1 定性研究中的文献运用

文献的运用	标 准	适用的研究类型举例
文献通常用于研究序言中,以便拟定问题	必须有文献可用	可用于所有的定性研究
以"文献综述"的名义在一个独立部分提出	在那些熟知传统方法、实证主义和文献综述的读者中,本办法是可接受的	这种方法适用于在开始研究时便用了有很大影响的理论和文献背景的研究,比如民族志研究、批判理论研究等
在研究的最后提出文献,是与定性研究结果进行对比的基础	本方法最适宜于"归纳性"定性研究过程;文献并不指导和控制研究,但研究模式或种类一旦明确,它就是很好的助手	这种方法可用于所有定性研究设计中,但它最适宜在扎根理论研究中使用,其间作者可以把其理论与文献中找到的其他理论进行对比

另一方面,定量研究在研究之始就包括了数目可观的文献,以便为研究的问题或假设提供指导。在计划进行一个定量研究时,文献通常出现在研究报告的开始部分,以便在有"相关文献"、"文献综述"或类似标题的部分介绍研究问题或者详细描述既有文献。此外,文献也可放在研究的最后,研究者可以把研究的成果与文献中出现的成果进行对比,在此模式中,定量研究者推理性地利用文献,以作为所研究问题或假设的一个框架。

有关"文献综述"的分散使用值得特别提到,因为它是将文献融入研究的一种普遍方式。这种文献综述可能采用几种不同的方式,并且就哪一种方式更可取而言,几乎没有一致的看法。库珀(Cooper,1984)认为研究者在文献综述中总结了许多主题,对文献的综述具有"整合性(integrative)",此模式在规划和写作中大受欢迎;库珀提到的第二种方式是"理论性综述(theoretical review)",在这种方式里，研究者只注意与研究问题相关的重要理论。本方式常出现在期刊文章中，作者把相关理论融在了研究序言里。库珀提到的最后一种形式是“方法论综述(methodological review)”，在这种方式中，研究者把注意力集中在方法和定义上，这种综述不仅可以获得研究概要，而且也可以对研究方法的优势和弱势进行评论。一些作者把这种方式用在专题论文中，也有一些把它用于期刊文章中的“相关文献综述”部分。

在混合研究中，研究者进行文献综述时，究竟是选择定性方法还是定量方法，取决于所运用的混合研究设计的类型。在顺序法设计中，每一个阶段所用的文献在某种程度上都与那个阶段所用的设计类型相符合。例如，如果研究是从定量研究开始，那么研究者更可能综述大量文献，以便于为研究的问题或假设建立基本原理；如果研究是从定性阶段开始，那么对文献的综述就会减少，同时研究者可能更多地把文献综述放在研究的结束部分——文献使用的归纳方式；如果研究者提出的当前研究在定性数据和定量数据上的分量和重要性相同，那么文献综述可以采用定性研究形式或定量研究形式。总之，在混合研究设计中处理文献的方法将依赖于研究策略的类型和研究中所含定性研究或定量研究的分量。

因此，对于在定性研究、定量研究或混合法研究中运用文献的问题，我的建议如下：

- 在定性研究中，为了表现出归纳式设计理念，在研究计划开始时要有节制地使用文献，除非定性策略类型要求在一开始就有大量的文献综述。
- 在定性研究中，研究者需根据受众对项目的了解来决定文献综述的位置。请切记：把它放置在研究的开头是为了“框定”问题，放置在单独的部分或研究的结尾部分是为了与当前研究的成果进行比较或对照。
- 在定量研究中利用文献进行推论并以之为提出研究问题或假设的基础。
- 运用文献来介绍研究，在单独的部分中阐述相关文献，或者把现存文献与定量研究中的成果进行比较。
- 如果单独使用了“文献综述”，那么就要考虑它是综合性地概述，还是理论性综述或方法论综述。在学位论文写作中通常是采用综合性文献综述方式。
- 在混合研究中，某种程度上，文献的运用是与研究策略和方法的主要类型——定性的或定量的——相一致的，这在方案设计中最为流行。

设计技巧

不管你是否把文献综述写进定性的、定量的或混合研究之中,形成文献综述中有几个步骤是非常有用的。

文献综述的步骤

文献综述对于一个方案或研究而言,意味着确定或概括研究的主题。通常这些概述就是研究的研究[因为你正在进行的是对研究的研究(research study)],它们可能也包括为思考主题而提供框架的概念性文章或思想片段。文献综述并无一个统一的方法,但是许多学者都按搜集文献、评价文献和总结文献这样的步骤进行:

- 第一步,首先确定关键词,这对于在学院或大学的图书馆里搜集资料非常有帮助。这些关键词可能在确定主题时出现,也可能在图书馆进行初步阅读时产生。
- 第二步,记住这些关键词,然后去图书馆搜寻馆藏图书目录(如期刊杂志和书籍)。很多大图书馆都有馆藏电脑数据,我建议最初只关注与主题有关的期刊杂志和书籍,并在电脑中搜寻被社会科学研究者重点收录的数据库,比如 ERIC(科教资源信息中心,Educational Resources Information Center),PsycINFO(心理学学术文献数据库),Sociofile(社会学文献)和SSCI(人文社会科学引文源期刊,the Social Science Citaion Index)等(后面将对这些进行详细说明)。这些数据库可以在图书馆网站上进行在线查找,也可以在图书馆的光盘上找到。
- 第三步,要在文章或书籍中找到大约 50 篇与自己的研究主题相关的研究报告,首先得在期刊和书籍上搜索,因为它们易于定位和获得,然后检查一下本单位学术图书馆里有没有这些文章和书籍,如没有则决定是否应通过馆际互借或书店购买来获得它们。
- 第四步,研读最初获得的这组文章,并把与自己研究主题紧密相关的那些文章影印下来。在这个筛选过程中,要检阅论文的摘要,浏览有关文章或章节。整个过程是为弄清这些文献和章节是否有助于自己对已有研究的进一步理解。
- 第五步,一旦确定了有用的文献,就可以开始设计文献图了(一幅关于自己研究主题的文献研究视图)。作图时有好几种可能(后面会讨论)。在浩如烟海的文献中,这幅图为确定自己的研究提供了有效的组织指南。

- 第六步,在把文献放入自己的文献视图中时,还要草拟最相关的文章的概要。这些概要被综合进计划或研究的最后文献综述中。另外,还要以恰当的方式列出文献的准确出处,就像美国心理协会出版手册中呈现文献的方式(*American Psychological Association*,2001)。这样,计划或研究的末尾就形成了一个完整的参考书目。
- 第七步,在概述了文献之后,便集中形成文献综述,并根据文献主题结构或按研究中罗列的重要概念进行归类。最后,用那些在文献中找到的主要主题作一篇概述来结束文献综述。同时,建议应沿着已有研究的思路对其主题予以深入研究。

为了抓住这七个步骤中的关键之处,我们将首先考虑通过数据库查询来迅速存取文献的技巧。

计算机数据库

信息检索已成为社会科学和人文科学研究发展的下一个科技前沿。运用搜索引擎,研究者能找出所想查阅的在线文献。另外,运用计算机在线分类系统能迅速浏览图书馆馆藏。一项关于学术性图书馆的调查报告称,所调查的119所学术研究图书馆中有计算机联网"在线"图书和期刊杂志的占98%(Krol,1993)。因特网的运用,使得跨国的图书馆馆藏目录也可得以利用,一个典型例子是在科罗拉多的CARL系统(科罗拉多图书馆联合查询系统,Colorado Association of Research Libraries)。该系统提供了广泛的在线教材分类、典型学校方案索引(indices of model school programs)、在线图书浏览、丹佛地区的主要城市介绍及一个环境教育数据库(Krol,1993)。

现在的图书馆数据库为研究者在成千上万种期刊、会议论文和原始资料中快速查询提供了方便。当前,好几种数据库已为社会科学研究者提供了资源数据包。

ERIC系统可通过光盘(CD-ROM)和在线查询(www. accesseric. org)获得。这个数据库提供了近一百万个文献摘要和教育研究与实践的期刊文章。ERIC包括两个部分:CIJE即最新教育期刊索引(the Current Index to Journals in Education,教育文献资源中心,1969—)和RIE,即教育信息资源(Resources in Education,教育文献资源中心,1975—)。要想用好ERIC,则与主题相关的"描述符"的确定是非常重要的。研究者可通过运用ERIC"主题词表"(教育文献资

源中心,1975—)来搜索术语字典。然而,通过“主题词表”对描述符的随机搜索可能是耗时和徒劳的,因此也可以用下列步骤:

1. 浏览 CIJE 和 RIE 后面附的主题索引或者在 ERIC 系统中搜索与你研究的主题最相通的关键词。尽可能寻找与你的项目相似的研究。

2. 当找到一个研究时,仔细查看该文所用的描述符,选择其主要描述符为己所用(看摘要中的描述符术语)。

3. 搜索这些主要描述符,这样你就使用了作为 ERIC 系统分类文章标志的那些描述符。如此继续,就能最大限度地为你打算研究的课题找到相关的研究文章。

SSCI(科学情报研究所,1969—)系统也可以在图书馆的 CD-ROM 获得。SSCI 覆盖了 5 700 种期刊,这些期刊囊括了社会科学的每一门学科。SSCI 能够定位到相关主题的文章及其作者,对于查阅相关研究的重要文献非常有用。它能使你追踪所有已经公开出版并被引述的关键研究。运用这个系统,你能制订一份关于某一研究或理念的编年文献目录。

另一个 CD-ROM 数据库是 DAI,即“国际专题论文摘要”(Dissertation Abstracts International,微缩影印图书大学版,1938—)。这个数据库收录了全世界近 500 个加盟的学术机构提交的博士论文摘要。通过搜索,可以找到完整的论文文献综述、确认所有的参考书目(包括学位论文),还能找到一些与你的研究非常接近的由权威机构提供的具有代表性的专题论文。

要查找社会学方面的研究或社会学概念的主题,可查找题为 Sociofile 的光盘上的“社会学摘要”(Sociological Abstracts,1953—)数据库。“社会学摘要”也可以从“剑桥科学”摘要(见 http://infosharel. princeton. edu:2003 /databases/about/tips/html/sociofile. html)上获得。这个数据库囊括了至少 2 500 种期刊的文章摘要以及书评、论文摘要和书籍。对心理学研究而言,可查阅 PsycINFO(见 www. apa. org/psyinfo/about/)找到“心理学摘要”(1927—)。这个数据库在 16 个不同种类信息下至少索引了 850 种期刊,它可在学术图书馆的光盘和网站上获得。

总之,我建议:

- 运用你的学术图书馆中可以获得的计算机数据资源,比如与你所研究的主题相关的光盘和网络版文献。
- 通过多种数据库形成一个完整的文献综述,搜寻诸如 ERIC、SSCI、PsycINFO、Sociofile 和“国际论文摘要”数据库。

文献中资料的优先处理

希望研究者在文献搜寻时要明确哪些资料需要优先处理。综述哪类文献，以及确定资料优先处理的标准是什么呢？参考如下：

1. 如果你是首次研究这个主题并且对其相关研究并不熟悉，那么可以先从综合性文献中的宏观描述开始，比如百科全书（如 Aikin，1992；keeves，1988）中的概述，你也可以在期刊文章或摘要系列（如 Annual Review of Psychdogy，1950—）中搜寻与你研究的主题相关的文献摘要。

2. 然后是权威期刊的文章和全国性的期刊，尤其是那些报告研究状况的期刊。这里的“研究”意指个别学者或一些学者提出的问题或假设，收集数据，并尽力回答这些问题或支持这些假设。从有关本研究主题的最近的研究开始，然后由此回溯以前的研究，同时要记录下在这些期刊文章后边所列出的参考书目，以便获得更多的研究线索。

3. 再转向与主题相关的图书。先从那些概述学术性文献专著开始，继而查阅那些单一主题的图书或由不同学者分写不同章节的合编图书。

4. 接下来就是搜寻与研究主题有关的近期会议论文，它们通常报告了相关主题的最新研究动态。搜索主要的、全国性的会议及会议论文，大多数这类会议都要求作者提交他们的论文以便进行计算机索引。与研究的作者联系，通过会议找到他们，也可通过写信或打电话向他们请教与你的研究计划相关的问题，进而询问他们是否同意把其相关的成果用于充实和完善你的研究。

5. 如果时间允许，在“国际论文摘要”（DAI）（微缩影印图书大学版，1938—）上寻找学位论文的摘要。学位论文在质量上呈现出较大的差异，在查阅这些研究时要进行选择。搜寻一个“摘要”可能发现一篇或二篇相关专题论文。一旦你确定了这些专题论文，就可通过馆际互借方式或者通过密歇根大学的微缩影印图书馆把它们复制下来。

我的做法是把期刊文章列在清单前面，因为它们是最容易查到并复制下来的资料，它们也反映了与主题有关的“研究”状况，学位论文列在最后，因为它们不仅在质量上差异较大，而且查找和复制都是比较困难的。

由于比较容易获得网站文章和研究报告而使这种方法极具吸引力。然而，查阅者可能会忽略文章的质量，因此，在文献查阅时研究者要特别注意那些文章的严谨性、思想性和系统性。目前，在线期刊日益普遍，它们通常已根据质量标准通过了审查，但研究者还是要看看这个期刊是否有一个质量评价委员会在负责对投稿给予出版的标准化审查。

研究文献图

在开始研究一个新专题时,研究者的首要任务之一就是组织相关的文献研究,这项工作能使研究者了解其研究对于已有研究而言是一种推进,还是一种拓展,亦或仅是一种重复。

完成这个任务的有效工具就是关于主题的研究文献图。这个文献图是对其他有关研究的一个可视化概述,并且它是通过一个图表来表达。组织文献图的方法有很多种:一种是层次结构,从上到下列出代表文献,在末尾写明将要进行的研究;另一种方式可能类似于流程图,在图中读者对那些从左至右展现的文献一目了然,在最右边提出要进行的研究;第三种方式由圈状图构成,每一个圆圈代表一种主要文献,圆圈相交部分代表在未来需要研究的地方。以上诸种文献图我都已在学生的作品中见到了。

建立文献图的中心思想,就是研究者要建立起一个与打算研究的主题相关的已有研究情况的可视关系,这个文献图对已有文献提出了一个总体的看法。它将帮助他人(诸如学位论文答辩委员会,会议代表或者期刊查阅人)了解该研究如何在同一研究主题上与已有的大量文献衔接起来。

为了示例说明文献图和产生文献图所涉及的程序,我将首先展示一个完整的图,然后讨论设计这个图的一些基本准则。请看图 2.1,它显示的是一个与组织管理中的程序正义(procedural justice)这一主题相关的研究文献(Janovec, 2001)。贾诺维克(Janovec)的文献图是用层次结构图来说明的,她遵守了设计一个好的图表必需的几个原则:

- 在文献图的大方框内,她把文献综述的主题置于层次结构的顶端。
- 接下来,她把在电脑中搜索到的那些研究复制并保存,然后组织成 3 个明确的副主题(如正义认知模式、正义的效应和组织变革中的正义)。在其他的图中,研究者可能有 4 个左右的类别作为副主题,这就取决于与主题有关的出版物的数量了。
- 在每一个小方框中都标注出了其相关研究的特征(即“结果”)。
- 而且,在每一个小方框中都有一个主要参考书目的作者,展现出来的那些参考书目对于方框中的主题是非常具有代表性和说服力的。为了简化叙述,参考书目都是用省略了书名的简便格式来处理(如 Smith, × × × ×)。
- 文献图要有几个层次,也就是在主要主题下有副主题,副主题下要有次副主题。

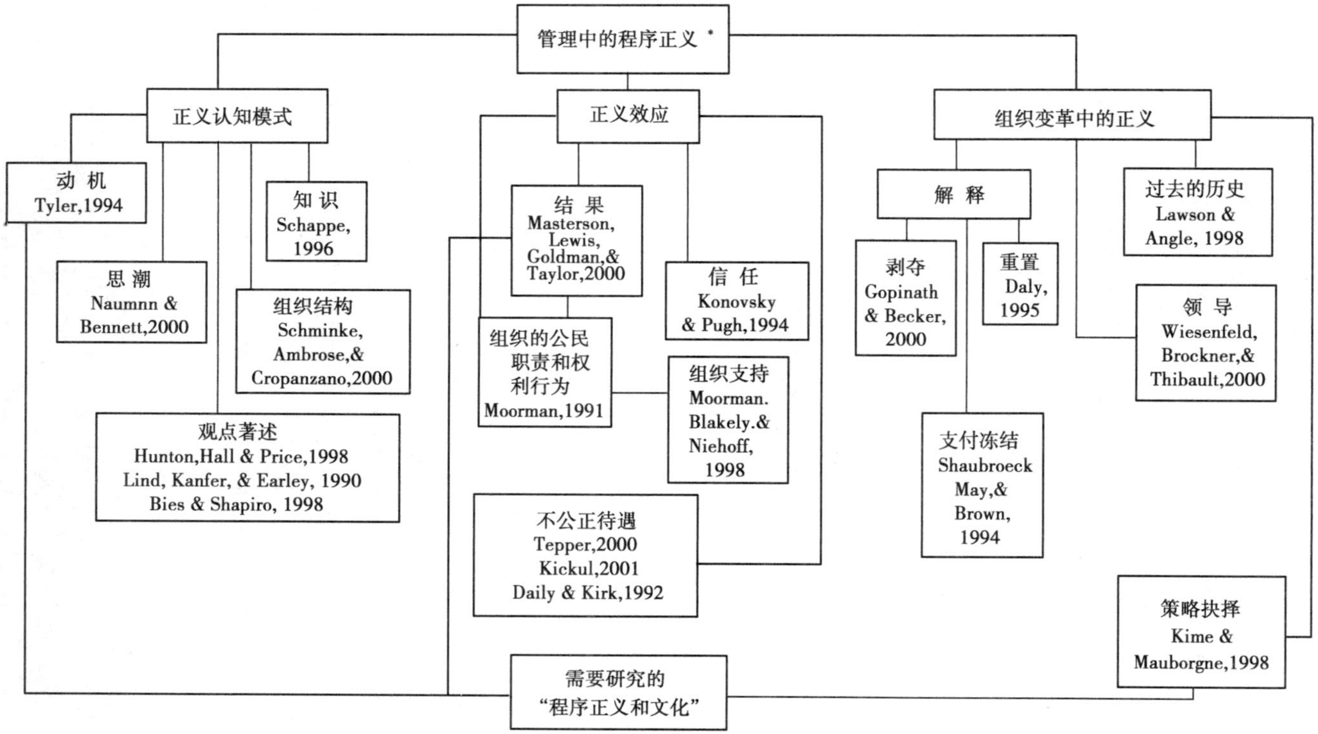

图 2.1　文献图

来源：Janovec(2001)，经作者许可而进行的复制。

*“雇员”对公正的关心与管理决策。

- 图中的一些分支比另外一些分支更深入,这种深度取决于可获得的文献的数量及其作者探讨该主题的深度。
- 把文献组织成图表以后,贾诺维克认为图表的分支为她打算着手的研究提供了出发点。她把“需要研究的”(或“打算研究的”)的小方框置于图表的底部。她简洁地阐明了她打算进行的研究的性质(“程序正义和文化”),并且在她的计划将要延伸的地方对过去的文献部分画了一条线,这表明她将进行的这项研究是以其他学者的研究为基础的,她的研究是他们的“未来研究”部分。

研究摘要

当综述研究课题的内容时,研究者要在文献综述中记录下重要的信息。在这个过程中,研究者要考虑从所研究的课题中抽取什么样的素材,并把它概述在“相关文献综述”部分中,这在文献不够充分的情况下十分有用。一个好的期刊论文综述包括如下几点:

- 注意被提到的问题。
- 陈述研究的中心目的或者焦点。
- 简略陈述关于样本、总体或参与者的信息。
- 综述与研究相关的关键成果。
- 根据这种综述是否是方法论综述(Cooper,1984),指出研究中存在的技术和方法论的瑕疵。

在筛选文献并写概要时,要找到该文献中这样的一些部分:在一些写得较好的期刊文章中,研究的问题和目的都已经在文章的序言中陈述了;样本、总体或者参与者的信息会在文中的研究方法(或步骤)部分找到;结论则通常在文章的最后;在文章的结论部分,要找到研究者就研究的每一个问题和假设所做出的回答那一段。篇幅较长的研究报告归纳总结的方法与上述做法相同。

请看下面的例子:

例 2.1　定量研究的文献综述

在这个例子中,我将提供一个概括了定量研究主要部分的段落(Creswell, Seayren, & Henry,1979),它更像学位论文或期刊文章中出现在“文献综述”部分的段落,在这个段落中,我选择了摘要的关键部分:

克雷斯韦尔、西银和亨里(Creswell, Seayren & Henry,1979)检验了Biglan模型,一种用于测量系主任(chairperson)职业化发展之需的三维模型,它集中了包括软件与硬件、理论与应用、有机与无机等36个学术领域的职业类型。有4个州立学院和1个中西部州的大学共计80个部门的系主任参加了这个研究。结果显示,在不同的学术领域,系主任的职业发展需要是不同的。以此为基础,作者建议,那些设立培训项目的人在策划方案时需要考虑不同学科之间的区别。

我按照《美国心理协会出版指南》(*Publication Mannual of the American of Psychology Association*,2001)[①]中提出的美国心理协会格式手册模式,首先把作者纳入,接下来,我叙述了研究的中心目的,然后找到了数据收集方面的信息,最后在结尾处陈述研究的主要成果和提出这些成果的实践意义。

如何对那些不是研究的文献[如散文、评价、类型学(Typologies]及过去研究的综述等)进行摘要呢?当为这些非经验性研究写摘要时,研究者应该:

- 注意文章或书籍中提出的问题。
- 确认研究的中心。
- 陈述与这个主题相关的主要结论。
- 如果文献类型是方法论的,应指出其推理、逻辑、说服力等方面的不足。

请看下例:

例2.2　对类型学文献的综述

萨德思(Sudduth,1992)就农村医院战略适应能力这一主题,完成了一篇政治学方面的定量研究论文,在研究之始他在几个章节中叙述了相关文献。在一个提出了类型学的单一研究的例子中,萨德思概述了这个研究的问题、主题和类型学:

金特尔、邓肯、里查德森和斯韦恩(Ginter, Duncan, Richardson, & Swayne,1991)意识到了外在环境对医院适应变革能力的影响,他们推荐一个他们称为环境分析(environmented analysis)的程序,该程序让组织在变化着的环境中做出最好的反应决策。然而,在仔细检查了运用于环境分析的多重技巧后发现没有一个综合性的概念分类表或计算机模型能对环境问题进行完

① 本书第5版的中文译本将由重庆大学出版社定于2006年3月出版。详见重庆大学出版社"万卷方法"。

整的分析(Ginter et al. ,1991)。他的结论是:策略改变深深地依赖于非量化的判断评价过程。为了协助院方经理仔细评估外部环境,金特尔等人(Ginter et al. ,1991)在第 44 页的图 2.1 中建立了类型学。

格式指南

文献综述的一个基本原则就是运用合适而连贯的参考书目格式。当在文献综述中确认了一个有价值的参考材料时,可用一种合适的格式对它的来源作一个详细的注释。在写毕业论文时,研究生应该从教师、答辩委员会成员、院系或学院行政人员处获得有关注释、参考文献写法的指导。

《美国心理协会出版指南》(第 5 版)在教育学和心理学领域得到广泛使用。芝加哥大学的《格式指南》(1982)、图拉比安(Turabian,1973)、坎贝尔和巴卢(Campbell & Ballou,1977)等的指南也广泛运用于社会科学的写作之中。一些期刊也已建立起了他们自己使用的格式版本。我建议在进行研究设计时就要尽早采用一种合适的并且你的受众能接受的格式。

最重要的格式涉及正文引用、结尾参考书目、标题和图表的运用等。就学术性写作使用的格式指南特提出如下建议:

- 当写"正文引用"时,记住引用类型的恰当形式,并密切注意多重引用的版式。
- 当写"结尾参考书目"时,注意格式指南是否要求他们依字母顺序或者数字顺序排列,并且核对每一个正文引用与结尾参考书目是否匹配。
- 按层次给论文的各部分排出"标题"。首先,说明在你的研究报告中将有多少级标题。然后,指出你为每一级标题所选取的合适格式。要注意,研究报告一般都包含两个到四个标题层次。
- 如果使用了"脚注",查阅格式指南确定它们的正确位置。与几年前相比,现在的学术研究中脚注通常都用得少了。如果要用,注明它们是在页面底部还是在论文结尾处。
- "表"和"图"在每一个格式指南中都有一个具体的形式,注意格式指南的范例对使用粗线、标题和空格等格式的说明。

总之,运用格式指南的最重要之处,就是使整个文稿在体例上要前后一致。

文献综述的写作模式

进行文献综述时，决定要综述多少文献是很困难的。为了解决这个问题，我提出了一个能分析文献综述应具备的因素的模型，该模型特别适用于使用了独立的文献综述部分的定量和混合研究。对于定性研究而言，文献综述可能分散于不同的具体主题领域，对阐述的中心现象的各个方面予以探究。

定量研究或混合研究的文献综述的写作，一般包括自变量文献、因变量文献以及对自变量和因变量关系的研究等几个方面（与变量有关的更多资料将在第4章里论及），这种方式适用于学位论文和期刊文章上概括化地介绍文献。文献综述（在学位论文或研究方案中）由5个部分构成：序言、主题1（关于自变量的）、主题2（关于因变量的）、主题3（对自变量和因变量两方面阐述的研究）和总结。在此，对每一个部分详述如下：

1. 序言告诉读者文献综述所涉及的几个部分，这一段是关于章节构成的陈述。

2. 综述主题1提出关于"自变量或多个自变量"的学术文献。在几个自变量中，只考虑几个小部分或只关注几个重要的单一变量。记住仅论述关于自变量的文献。这种模式可以使关于自变量的文献和因变量的文献分离开来。

3. 综述主题2融合了与"因变量或多个因变量"有关的学术文献，虽然有多种因变量，但是只写每一个变量的小部分或仅关注单一的、重要的因变量。

4. 综述主题3包含了自变量与因变量的关系的学术文献。这是我们研究方案中最棘手的部分。这部分应该相对短小，并且包括了与计划研究的主题最为接近的研究。或许没有关于研究主题的文献，那就要尽可能找到与主题相近的部分，或者综述在更广泛的层面上提及的与主题相关的研究。

5. 在综述的最后提出一个总结，强调最重要的研究，抓住综述中重要的主题，指出为什么我们要对这个主题做更多的研究。

这个模式以文献综述为中心，并与研究问题和假设中的变量紧密联系，同时它更有效地限定和明确了整个研究。它是方法部分的逻辑起点。

小　结

在搜索文献以前，用诸如草拟研究标题或陈述研究的中心问题等策略来确认主题。同样，通过审视是否有可得的研究参与者和研究资源，这个主题能否增加社会科学的知识,能否被别人欣赏,以及是否与个人目标相一致等问题,从而决定研究主题能不能和该不该研究。

研究者通过学术文献提炼出类似研究的成果,并由此让当前的研究与文献中的研究对话,同时为研究结果与其他研究相比较提供框架。对定性、定量和混合研究设计而言,文献服务于不同的目的。在定性研究中,文献有利于证实研究问题,但是它并不限制参与者的观点。一个常见的做法是,在研究末尾比研究开头运用更多的文献。在定量研究中,文献不仅有利于证实问题而且还提出了应当被论及的可能的问题或假设。在定量研究中通常能找到单独的“文献综述”部分。在混合研究中,文献的运用将依赖于研究策略的类型和研究中定性研究或定量研究所占的分量。

当着手文献综述时,先要确定搜索文献的关键词;然后依赖于图书馆和研究领域的计算机数据库,诸如 ERIC,PsycINFO,Sociofile 和 SSCI 等查找图书馆资料;接下来,再以期刊文章为先,书籍为后的顺序定位所需的文献,确认将对你的文献综述有帮助的参考书。将这些已有研究结果分类放入文献图中显示研究的主要类别,然后写出总结;根据格式指南(如《美国心理协会出版指南》)列出完整的参考文献,并提炼出包括研究问题、论点、数据收集和分析以及最后结果等方面在内的研究信息;最后,为了将有关研究信息联系起来,要考虑一个完整的结构。一种模式是根据主要变量(定量方法)或研究的中心现象的主要副主题(定性方法)把文献综述划分到章节中。

写作练习

1. 做一个与主题相关的可视文献图。把你打算进行的研究纳入图中,并在你打算进行的研究与其他的研究之间进行连线,好让读者易于明白这个研究将如何拓展既有的研究。

2. 为定量研究撰写一个单独的“文献综述”,并根据文中提到的模型划定研究中文献表现的变量的范围。也可以撰写一个定性研究的文献综述,并把它作为研究中所研究问题的逻辑依据纳入序言之中。

3. 找一篇已出版的期刊文章,确定其标题的层次数,通过运用《美国心理协会出版指南》(第 5 版)中合适的格式编一个层次大纲。

4. 确认、组合关键术语,使用网站 www. accesseric. org. 来对 ERIC 数据库进行搜索。扩展练习:选择与刚搜索过的文献类型最接近的结果,标明使用过的描述符,重新对 ERIC 系统进行搜索以获得更适合文献综述的文献。

阅读推荐

- Locke, L. F., Spirduso, W. W., & Silverman, S. J. (2000). *Propsals that work: A guide for planning dissertations and grant proposals*(4th ed). Thousand Oaks, CA: Sage. ①

洛克、斯皮尔都秀和西尔弗曼提出文献综述过程有 15 步。这 15 步包含在三个环节里边：建立研究基本原理的概念、对每一个主要概念设一个副主题、为充实每个副题而增加一些重要的参考书。他们同样提供了一个“概略性相关文献综述”作为文献可视模型。

- Merriam, S. B. (1998). *Qualitative research and case study applications in education.*) San Francisco: Jossey-Bass. ②

梅里亚姆提出了一个关于定性研究中文献应用的广泛讨论。她指出了文献综述的步骤和选择参考书的标准，其中包括检查作者在所研究的主题方面是否是权威，最近有何这方面的著作，资料是否与打算研究的主题相关，文章以及资料的质量如何等。梅里亚姆进一步提出文献综述并不是把文献直接从头读到尾，明确理论框架然后写出问题陈述，相反，它是这些步骤高度交互进行的过程。

- Punch, K. F. (1998). *Introduction to social research: Quantitative and qualitative approaches.* London: Sage.

庞奇提出了一个定量研究与定性研究等价的社会研究导向。他从几个方面提出了这两种方法间的关键区别。庞奇注意到，当写一个文献综述时，凝聚在文献中的关注点因不同风格的研究而千差万别。何时关注已有的文献取决于研究的风格、整个研究策略以及研究进展方向与有关文献的关系。

---

① 本书第 5 版的中文译本将由重庆大学出版社于 2007 年 9 月出版，详见“万卷方法——研究规范与写作指导丛书”。

② 本文第 2 版的中文译本将由重庆大学出版社于 2007 年 3 月出版(于泽元译)，详见“万卷方法——质性研究方法译丛”。

第3章　写作策略和伦理考量

在设计一个方案前,考虑如何把它写出来是至关重要的。这些考虑包括:主题要能传达最好的讨论(对于那些需要讨论的问题而言)和研究的质量。为了确保写出前后连贯和具有较高可读性的方案(和研究计划),在本章开始进行写作练习是非常恰当的。对那些在研究中必须面对的可能的伦理问题和把一个好的实践融入研究方案之中而言,本章也适逢其时。本章将主要关注研究方案中的相关论题、研究进程中写作策略的选择,以及研究中很可能产生的伦理问题。

方案撰写

中心论题的提出

考虑即将纳入方案中的主题是有益的。应当把所有的主题相互联系起来,以便使整个方案规划得就像一幅凝练的图画。主题的大纲也是有帮助的,但它们将根据研究方案是定性研究、定量研究或者是混合研究而有所区别。总的来说,任一方案都取决于中心论题,在此,我把马克斯韦尔(Maxwell,1996)介绍的九个中心论题提出来,作为学术性研究设计方案所应讨论的问题:

1. 为更好地解读你提出的主题我们应当有何准备?
2. 从你的主题中我们将有何收获?
3. 你打算研究什么?
4. 你的研究背景和对象是什么样的?
5. 你打算用什么手段获取数据?
6. 你如何分析那些数据?
7. 你如何证实你的结果?
8. 你的研究将提出什么伦理问题?
9. 就该研究的价值性和实践性而言,你的初步结果意味着什么?

如果把这九个问题各用一段逐一予以充分讨论,将为研究打下一个不错的基础,这九个问题为方案提供了一个整体架构。结果的证实、伦理考量(被简短讨论)、初步结果的必要性以及对研究的实践意义的论证等,经常吸引着读者的注意力,从而使得所讨论方案中的一些关键要素不至被忽略。

定性研究方案的格式

除了这九个问题以外,还要对包含在方案中的主题予以详细地概念化。在方案建设之初,有关主题的知识对于整个过程的概念化十分有用。

尽管诸如像伯格(Berg,2001)、马歇尔和罗斯曼(Marshall & Rossman,1999),以及马克斯韦尔(Maxwell,1996)这样的学者对主题问题提出了一些忠告,但对于定性研究而言并没有一个被普遍接受的方案设计框架,其基本特征还是应该像第1章所提到的那样,设计应与建构主义/诠释性的和辩护/参与主义知识观相符。由独特的研究策略所代表的定性研究,其计划还应包括使用的研究类型、资料收集和分析的详细过程。

根据这些观点,我提出两个可供选择的模式,例3.1是从建构主义/解释主义的观点中获得的,而例3.2则更多地基于定性研究的辩护/参与主义模式。

例3.1　定性研究的建构主义/解释主义格式

导言
- 陈述问题(包括已有文献中关于该问题的陈述)
- 研究目的
- 研究的问题
- 界定与局限

步骤
- 定性研究的特点(可选择)
- 定性研究的策略
- 研究者的角色
- 数据收集步骤
- 数据分析步骤
- 证实结论的策略
- 叙事框架

预计伦理问题

研究的意义

预研究的结果(preliminary pilot findings)

预期的成果

附录:访谈的问题、观察形式、时间表、经费预算

在这个例子中,作者仅包括了两个主要部分,即导言和步骤。该例中可能包括了文献综述,然而它并不是必须的,并且正如第2章所讨论的那样,文献很可能被写在研究末尾或者成果预期部分。这个设计在研究中包含了研究者的角色这一特别的部分,正如马歇尔和罗斯曼(Marshall & Rossman,1999)所描述的那样,这一部分将论述如何获得参与者和研究场景以及如何进入现场和使参与者配合研究。并且还要指出研究者带入方案中的人际交往艺术以及对研究中人与人之间互惠互利关系的敏感性。

例3.2 定性研究的辩护/参与主义格式

导言
- 陈述问题(包括已有文献中关于该问题的陈述)
- 辩护/参与主义的观点
- 研究目的
- 研究的问题
- 界定和局限

步骤
- 定性研究的特点(可选择)
- 定性研究的策略
- 研究者的角色
- 数据收集步骤(包括与参与者合作的方案)
- 数据记录步骤
- 数据分析步骤
- 证实结论的策略
- 叙事框架

预计伦理问题

研究的意义

预研究的结果

预期出现的辩护/参与主义的变化

附录:访谈的问题、观察形式、时间表、经费预算

这种格式与建构主义/解释主义所用模式非常类似,不同的是研究者专注于辩护/参与主义问题(例如边缘化和权力),提出了一种资料收集的合作性方式,还提及研究课题可能带来的变化。

定量研究方案的格式

定量研究方案的格式与那些比较容易就能在期刊文章和研究课题中找到的标准相符,形式上通常都采用导言、文献综述、研究方法、结果和讨论的模式。在规划一个定量研究和设计一个学位论文研究方案时,可考虑采用如下格式来构划整个设计。

例 3.3　定量研究格式

导言
- 陈述问题
- 研究目的
- 理论视角
- 研究的具体问题或假设
- 定义术语
- 界定和局限

文献综述

研究方法
- 研究设计的类型
- 样本、总体和参与者
- 收集数据的工具、变量和原始资料
- 数据分析程序

预计伦理问题

预研究或预测试

研究的意义

附录:研究工具、时间表、经费预算

在例 3.3 中,尽管顺序尤其是导言部分可能在不同的研究中有所变化(Miller,1991;Rudestam & Newton,1992),但是这个格式是标准的社会科学研究设计,它为设计学位论文的方案的各部分或者描述学术研究的主题提供了一种模式。

混合研究方案的格式

在混合法研究的设计中,研究者把包括定性设计和定量设计在内的方法一起提了出来(Creswell,1999),如例 3.4 所示:

例3.4　混合研究设计格式

导言

　陈述问题

　研究目的(包括定性、定量陈述及其混合应用的基本原理)

　研究的具体问题(包括定性研究和定量研究)

　文献综述(如果是定量研究则独立成一部分)

步骤或方法

　混合研究的特征

　混合研究设计的类型(包括对其选择的决策)

　设计的路线图和程序

　数据收集程序

　　数据类型

　　抽样策略

　数据分析和程序

　报告呈现的结构

研究者的角色

潜在伦理问题

研究的意义

预研究的结果

预期的成果

附录:工具或草案、章节大纲、经费预算

此格式显示出研究者对定性研究和定量研究的组成部分都提出了目标陈述和研究的各方面问题。此外,明确研究中的混合研究的基本原理是非常重要的。研究者也要确认设计的关键性因素,诸如混合研究类型、程序的路线图、定量和定性数据收集和分析程序等。

写作小窍门

边想边写

在通用的模式之外,方案设计者还要考虑研究的写作过程。缺乏写作经验者的一种表现是,他们宁愿讨论他们的研究,而不愿意把它书写出来。所有写作经验丰富者都知道写作是思考和概念化主题的过程。我的建议如下:

- 在研究过程的早期,记下相关理念而不是讨论它们。写作行家把写作看做是思考(Bailey,1984)。津瑟(Zinsser,1983)认为,我们有必要把头脑中的语言提取出来记录在案。不少指导教师认为,他们读到书面文字时的反应远比他们与学生或同事讨论研究主题时更快。当研究者将观点形诸于文时,读者就能对最后的结论形成直观化的印象,真正"看到"研究结果像什么,从而澄清观念。这种把理念转化为文字的做法已使许多经验丰富的写作者受益匪浅。
- 通过几个草案而不是尽力去修改第一个草案来完成任务。人们字面的思考是富有启发性的。津瑟(Zinsser,1983)区别了两种类型的作者:"瓦匠(bricklayer)"型作者在进行下一段写作以前习惯于把此前的每一段落都"砌好":"草稿(clet-it-all-hang-out-on-the-first-draft)"型作者倾向于一口气写完研究的第一稿,而不是在写作过程中去关注论文是否缺乏逻辑性或是误用了写作技巧。介于这两种类型之间还有一种像彼特·埃尔鲍(Elbow,1673)那样的人,他提出每个作者都应当按写作、检查和再写作这一重复过程进行,例如,他引述这么一种练习:如果只有一个小时写一段东西的话,宁愿在一个小时里写四个草案(每 15 分钟写一个),这要比只写一个草案(特别是在最后 15 分钟写的)好。大多数经验丰富的研究者仔细书写第一草案但不修正它,修正工作在写作后期进行。在我的写作中我使用富兰克林(Franklin,1986)的三段论模式:

1. 提出一个大纲,它可能是句子或要点或直观的理念图。
2. 写出草案,然后在手稿中围绕整个段落对理念进行删减、筛拣、移动。
3. 最后,对每句话进行编辑润色。

写作习惯

建立以连续性和规则性为基础的写作规范。手稿长期搁置一旁会导致注意力和精力的损耗，页面文字的写作仅是思考、资料收集和综述过程延续的一部分。

选择最适合你工作的时间和一个避免分心的地方，然后每天在这个时间里根据规范进行写作。博伊斯（Boice，1990，pp. 77-78）提出了建立良好写作习惯的观点：

- 不管情绪如何，也不管是否做好写作准备，根据优先原则，坚持每天写作。
- 如果你感到没有时间进行有规律的写作，那么通过制定一到二周的"片断式（in half-hour blocks）"时间表来从事每日写作。
- 在你头脑清新时写作。
- 情绪狂燥（binges）时避免写作。
- 写作量应少而有规律。
- 规划写作任务，以便在每一段时间内都能对具体的、能处理的单元进行计划性写作。
- 保存日常工作表，其中至少标明三件事：①写作所花的时间，②所完成的写作页数，③完成计划任务的比例。
- 每日目标以外的计划。
- 在出版之前，与支持你的有思想的朋友一起分享你的创作。
- 尝试着同时进行二到三个项目的写作。

除了上述的观点以外，作者应认识到写作是循序渐进的，而且必须以一种闲适的心态投入到写作之中。正如赛跑者在跑步以前需要使身体舒展开一样，作者也需要做大脑和手指的准备活动。诸如写信给朋友、通过互联网自由讨论、阅读精典著作或者研究特别喜欢的诗歌等休闲活动，能使实际的写作变得较为容易。我得重提约翰·斯坦贝克（Steinbeck，1969）在《小说月刊·伊甸园文学的复活》（*Journal of a Novel：The East of Eden Letters*）中详细叙述的"准备活动阶段"（p. 42），约翰·斯坦贝克在开始每日的写作之前都在一个大大的笔记本上给他的编辑和密友帕斯卡尔·科维希（Pascal Covici）写信。

其他的练习也能产生如此的作用，卡罗尔（Carroll，1990）提供了改善作者对描述性段落和情感性段落控制能力的范例：

- 描述物体的某些部分和某些方面，不用先告诉读者物体的名字。

- 描写两人之间任何具有戏剧性和新鲜性的谈话。
- 为一个复杂的任务撰写一组说明。
- 用三个不同的方法描写一个主题(Carroll,1990, pp. 113-116)。

最后一个练习对于那些从事多元性准则和主题数据分析的定性研究者似乎更为合适(参阅本书第10章)。

我们还要考虑那些有助于写作过程训练所使用的文具和物质条件。在写作时,舒适的写作工具如电脑、大小合适的米黄色垫子,一支心爱的钢笔、铅笔,甚至一杯咖啡或热茶等(Wolcott,2001),都能给作者提供良好的思考环境。写作的环境于写作也有所帮助,普利策奖获得者安妮·迪拉德(Annie Dillard)通常回避那些常人喜爱的工作场所:

> 要一间无人问津的房屋,以便想象能在黑暗中拜访记忆。当我在七年前为我的研究配备家具时,我把一张长长的桌子靠在一堵光秃秃的墙边,以使自己两耳不闻窗外事。十五年前,我在停车场上面一个堆放煤块的小房间里写作,它俯瞰着焦油和砾石混合的屋顶。当然,大树下的松树棚虽不如堆放煤块的研究室安静,但它也可以用来写作(Dillard,1989,pp. 26-27)。

手稿的可读性

在写作一个方案前,想一想如何增强方案的可读性。在此,统一的术语、戏剧而又富有远见的观点,以及连贯一致的计划等都是非常重要的。

- 整个手稿要使用统一的术语。当定量研究中提到一个变量,定性研究中提及一个重要现象时,每次都要使用相同的术语。尽量不要用这些术语的同义词,避免出现让读者将精力放到对词意的推测理解和密切注意词语含意的细微变化上的情况。
- 考虑如何通过叙述不同类型的"想法(thoughts)"来引导读者。这个概念最先是由塔希斯(Tarshis,1982)提出来的。塔希斯建议分阶段呈现想法来引导读者。下面是四种类型:

1. 总领性(umbrella)想法——作者尽力传播的总的理念或核心观念。

2. 大想法——在总领性想法领域内强化、阐明或详述总领性想法的具体理念和想象。

3. 小想法——理念和想象,其主要功能是强化大想法。

4. 引人注意的或有趣的想法——其目的是吸引、保持读者的兴趣、组织观点和保持人们的注意力。

初学研究者一开始大多在总领性想法和引人注意的想法这两者间犹豫不决。一份手稿可能包括太多总领性想法，其内容就不能充分详细地支持大想法。这个问题的显著表现就是手稿中连续不断地从一个主要观点转移到另一个主要观点。通常，人们更乐意于阅读简短的文章，就像报纸上的专栏文章。围绕总领性想法进行详细叙述对解决这个问题似乎有些帮助。戈德堡(Goldberg，1986)不仅谈到了细节的力量，而且还用华盛顿特区的越战纪念碑来加以说明，纪念碑上列出了5万个战死的美国士兵的名字，其中甚至还包括了中间名(middle name)[①]。

缺乏“引人注意”的想法会使生动的叙述远离主题，读者需要“路标”把他们从一个主要理念引导到下一个主要理念(本书第5章和第6章讨论了研究中的主要路标，诸如目标陈述、研究问题和假设等)。读者需要通过序言性的段落去看清思想理念的整体框架和通过提要来记住其必须把握的该文章的特征。

- 注意用逻辑连贯性来增强手稿的可读性。关于这些，我建议把研究中的各要素进行系统化地整体思考。例如，在一个定量研究方案中重复标题中的变量、目标陈述、研究问题以及文献标题等都说明了这一考虑。这种方法建立起了研究的逻辑连贯性。而且变量的连贯序列(无论是自变量还是因变量)更能突出地强化这一理念。

在更细致的层次上，通过手稿中句子和段落之间的联系也能体现出文章的逻辑连贯性。津瑟(Zinsser，1983)认为每一个句子都应是其前一句子的逻辑性延续，那些把从句子到句子(或从段落至段落)之间的思想联系起来的“钩眼扣(hook-and-eye)”(Welkinson，1991)是一个很有用的连结。

以下样文是选自一篇有关边缘学生的定量研究的毕业论文草稿的导言部分，它体现了该文高度的逻辑严密性。在这一节中，我绘出了连结观点的从句子到句子和从段落到段落的“钩”和“眼”，“钩眼扣”的目标是连结每一个句子和段落的主要思想。如果这种连结无法做到，那么写过的段落就存在缺乏连贯性的现象，因此作者需要增加过渡性词语、段落或者句子去体现清晰的关联。

---

① the middle name，译作中间名，指的是有些欧美人姓与名中间的名字。——译者注

例 3.5　一篇展示“钩眼扣”技巧的样文*

他们坐在房间的后面并不是因为他们想要这样,而是因为这是给他们指定的地方。在多数教室里存在的这种无形的障碍分隔了房间,也分离了这些学生。在房间的前面是随时准备举手回答问题的“好”学生,他们无精打采地坐着就像被抓进教育陷阱的巨大昆虫一样,这些健将们及其追随者占据了房间的中心。教室里那些不太自信也不太清楚自己位置的学生坐在那群学生的后面或边上。

在外圈就坐的学生形成了一个群体,这一群体在美国的公共教育系统中由于种种原因不能取得成功。他们也是学生群中的一部分,在过去他们被冠以社会地位低下者、低学业成就者、智力迟钝者、贫困者、落后者和许多其他的名称(Cuban,1989;Presseisen,1988),如今他们被称为边缘学生,他们的面貌正在改变,而且在城市里他们的数量正在上升(Hodgkihson,1985)。

在过去八年里,关于边缘学生和精英教育需求的研究曾经数量空前。1983 年,政府公布了名为《国家处于危机之中》的文件,该文件确认了美国教育系统中存在的问题,并要求进行较大的改革。大多数以前的改革主要关注课程研究和衡量学生学业成就的更高的标准(Barber,1987)。关注的焦点主要是学业优良的学生,对边缘学生的需求的关注显然不够。对于什么能保障所有学生在教育中都有平等的机会的问题很少被提及(Hamilton,1987;Toch,1984)。而随着对教育中优秀学生关注的增多,边缘学生的需要被关注的情况变得更加明显。

大多数早期研究集中在指出边缘学生的特征上(OERI,1987;Barber & Mcclelan,1987;Hahn,1987;Rumberger,1987),教育研究中的其他研究者在呼吁改革,号召为边缘学生开发新课程(Mann,1987;　Presseisen,1988;Whelage,1988;Whelege & 　Lipman,1988;Stocklinski,1991;and Levin,1991)。对这个主题进行研究的专家已包括了教育领域的、商业领域的、工业领域以及许多政府机构的人员。

---

* 方框中的词语前后之间的关系就是“钩眼”关系。——译者注

尽管在确认边缘学生的特征和开发适合他们需要的课程方面已取得了一些成绩，但是边缘问题的本质却继续困绕着美国的学校系统。一些教育者感到我们并不需要更深入的研究了（DeBiois，1989；Hanh，1987）。另外一些教育者要求在商业和教育之间建立一个更强的网络系统（DeBiois，1989；Mann，1987，Whelege，1988），还有些教育者一直要求全部重建我们的教育系统（OERL，1987；Gainer，1987；Levin，1988；McCune，1988）。

在专家做了所有的调查和研究之后，我们仍然有学生悬在教育的边缘。本研究的独特之处在于将焦点从原因和课程转移到学生身上。现在应该是向学生询问并听取学生意见的时候了。这一新增的维度能促进对现存研究的进一步理解，并促使更进一步的改革。应对退学的学生和潜在的退学学生进行深度访谈，以便发现在公立学校里是否有共同的原因干扰了他们的学习过程。这个信息对不断寻求新教育途径的研究者和每天与这些学生在一起的实践者都是有利的。

语态、时态和“肥胖（fat）”

考虑到要反映出明确的思想，写作出有逻辑的句子，本节继续讨论句子和词汇层面的写作。用富兰克林（Franklin，1986）的话来说，这是对作品进行润色的时候，它属于整个写作过程的后面阶段。在优化句子结构和进行词语选择的规则及原则方面，你可以找到大量的参考书籍，如沃尔科特（Wolcott，2001）就谈到了修改文章的技巧，诸如，汰除冗词，删除被动语态，减少限定词，消除滥用的短语，以及减少多余的引文、斜体词和置于括号内的注释等。下面附带着谈一下关于主动语态、动词时态和减“肥”的运用，以便增强和活跃学术性写作。

- 在学术论文写作中尽量使用主动语态。据罗斯—拉森（Ross-Larson，1982）所说：“如果主语是施动者，语态就是主动的；如果主语是被动者，则语态就是被动的”（p. 29）。此外，被动句法结构的象征就是辅助动词的变化，例如“was”的变化就还包括“will be”、“have been”和“is being”。当施动者存在但逻辑上不让它出现在句子中，或当被动者是段落剩余部分的主语时，作者可运用被动结构（Ross-Larson，1982）。

- 研究中要恰当地运用实动词和动词时态。虚动词往往是缺乏具体行动(如“is”或“was”)或者被用作形容词或副词的。
- 在综述文献或汇报研究结果时通常用过去时;将来时适合于研究规划或计划中的其他部分;对已完成的研究特别是对其序言而言,用现在时以增加它的活力。
- 通过编辑或校阅草稿来减少文章中的冗词,即“减肥”。对多数作者而言,对同一方案写出多种草案是一种标准化的做法,这个程序包括撰写、复查和编辑。在编辑过程中就把句子中的冗词去掉,例如,那些成堆的修饰语,过多的介词和“the…of”结构(如 the study of)等为研究带来了不必要的啰唆(Ross-Larson,1982)。我回想起邦奇(Bunge,1985)所提到的那个例子:

> 现在你几乎找不到为修改复杂句而冥思苦想的聪明人了。我的一个朋友是大学的管理者,他不时说一些复杂的句子:“我本希望我们本可以能……”(I would hope that we would be able…)。在我最初认识他时,他从未以那种方式说话,尽管他年龄并不大,但他已经在某种程度上放弃了简明的谈话方式(Bunge,1985,P. 172)。

现在我们来研究采用定性、定量和混合设计的优秀的著作。在阅读优秀的著作时,我们可以一目十行但思维不会因某些费解的片断而停滞。在此,我打算从以下人文和社会科学期刊中找出一些文字写作方面的范例:《美国社会学杂志》(*American Journal of Sociology*)、《美国制图学家》(*The American Cartographer*)、《应用心理学杂志》(*Journal of Applied Psychology*)、《管理学季刊》(*Administrative Science Quarterly*)、《美国教育研究杂志》(*American Educational Journal*)和《教育社会学》(*Sociology of Education*);在图像方面的范例可以在《护理学期刊》(*Journal of Nursing Scholarship*)上找到。在定性研究领域,好的文献可以使文体更分明、段落描写更细致。教授定性研究的教师常指定一些经典文学作品作为学生的课后读物,例如,《白鲸》(*Moby Dick*)、《红字》(*The Scarlet Letter*)、《夜都迷情》(*The Bonfire of the Vanities*)(webb & Glesne,1992)。我们还可在一些具有代表性的好的学术期刊里查找范文,例如,《定性调查》(*Qualitative Inquiry*)、《定性研究》(*Qüalitative Research*)、《符号互动》(*Symbolic interaction*)、《家庭定性研究》(*Qualitative Family Research*)和《当代民族志杂志》(*Journal of Contemporary Ethnography*)。在混合法研究中,可查阅那些综合了定性和定量数据的刊物,其中包括许多社会科学杂志,比如《田野研究方法》(*Field Methods*)等,还可仔细查阅被引用于《社会学和行为科学混合方法手册》(*Handbook of Mixed Methods in the Social and Behavioral Sciences*)中的很多期刊文章(Tashakkori & Teddlie,2002)。

伦理问题预测

除了规划写作过程以外,研究者应预测在他们的研究中可能产生的伦理问题。如前所述,在研究方案的讨论中关于这些问题的写作也是十分必要的。

据有关文献显示,研究过程中出现的伦理问题既表现在研究者应遵守的职业行为规则的讨论中,也可能在评论两难选择的伦理问题及其可能的解决方法时逐渐显现出来(Punch,1998)。许多美国国内团体都已在他们的网站上就其领域内的职业伦理问题公布了有关的标准或规则,比如:

- 美国心理协会的《心理学工作者的伦理学原则和行为规范》(*Ethical principles of Psychologists and Code of Conduct*),写于1992年,在www. apa. org/ethics/code. html 上可获得。
- 美国社会学学会的伦理准则,1997年公布,在www. asanet. org/members/ecoderev. html 上可获得。
- 美国人类学协会伦理准则,1986年6月通过,在www. aaanet. org/committees/ethics/ethcode. htm 上可以获得。
- 美国教育研究学会伦理标准,2001年11月发表,在www. area. net/about/policy/_vti_cnf/ethics. htm 上可以获得。
- 美国护士联合会伦理准则,2001年6月发表,在www. ana. org/ethic/chcode. htm 上可以获得。

除了这些伦理实践准则外,这些准则的作者还详述了调查者和研究者遇到的伦理两难问题(Berg,2001;Punch,1998;Sieber,1998)。这些讨论对定性研究、定量研究和混合研究都同样有用,研究者应当在其研究计划中有所预计并做出相关的说明。在下面,我会提到研究过程的许多步骤中的伦理问题,在此提前论及,目的是鼓励方案写作者在其方案设计中重视它们。尽管此讨论将不会涉及所有的伦理问题,但是对主要的伦理问题作了论述。在详述研究问题中(第4章),在确认目标陈述和研究问题中(第5、6章),以及在收集、分析和记录数据结果之中(第9、10、11章),这些主要伦理问题都存在。

研究问题陈述中的伦理问题

在写一个研究的导言时,研究者指明了研究的问题或论点,并且针对其重要性陈述其相关原理。在确定研究问题时,确定一个对参与者有益的问题是很重要的。行动/参与主义的核心思想就是研究者不要让研究参与者进一步边缘化或丧失更多的权力(disempower)。为此,方案设计者要执行一个试验性的方案以建立起与参与者之间的信任和尊重,使研究者在方案设计和进行研究前能察觉出任何边缘化变化。

目标陈述和研究问题中的伦理问题

在制订目标陈述或者研究的中心内容和问题时,方案制订者需要告诉参与者研究的目的。当参与者知晓的研究目的与研究的真正目的不同时,就属于欺骗。对于研究者而言,详细说明其研究的赞助者的动机是相当重要的。例如,对邮件问卷调查而言,在为调查研究设计前言时,赞助者是确立信任和信用的重要因素。

资料收集中的伦理问题

当研究者收集资料时,他们需要尊重参与者和研究所在的场境。在这个研究阶段,许多伦理问题就产生了。

- 不要让参与者处于危险之中,并且要尊重易受伤害的群体。研究者需要让研究计划通过他们所在学院和大学的制度审查委员会(Institutional Review Board, IRB)的审查。IRB 之所以存在于校园里,是因为有预防侵犯人权并对人权提供保护的联邦政府条例。对于研究者而言,IRB 程序要求评估研究中参与者可能存在的各种潜在危险,诸如身体上、心理上、社会上、经济上或者法律上的伤害等(Sieber,1998)。而且,研究者需要考虑易受伤害群体的特别要求,如未满 19 岁的未成年人、心理上不能胜任的参与者、伤残者、神经损害者、孕妇或胎儿、囚犯和艾滋病患者等。研究者把包含研究步骤和参与者信息的研究计划送与 IRB 归档,以便委员会能考查研究中被设定的个体所遭受危险的程度。在这个方案之外,研究者在参与者进入研究以前,为参与者制订了一份“知情意向表(informed consent form)”。这份表格承认参与者的权益在数据收集前已经获得了保护。其内容如下(Creswell,2002):

——自愿参与和在任何时候退出的权利，避免强迫个体参加。
——研究目的，以便个体知道研究的实质和可能对他产生的影响。
——研究步骤，以便个体能合理预料研究中他的期望。
——提问权利，获得结果副本和隐私受尊重的权利。
——研究的利益将对个体自然生效。
——参与者和研究者同意这些条款的签名。

- 数据收集中的其他步骤包括获得个体（如守门人）认可，以便在研究场境接近参与者。这通常包括通过写信来确认时间范围、潜在影响和研究结果。
- 研究者要尊重研究场境，避免影响或破坏它。这就特别要求调研者在某一场所进行长时间观测和访谈的定性研究时，认识到他们的可能影响并且把从外部环境带来的干扰减至最低程度，例如，可以选择访谈的时机，避免不打搅参与者的正常活动。
- 在实验研究中，研究者需要收集数据，以使所有的参与者而不仅是一个实验小组能获得利益上的保护。为了在最后使所有的组群都得到妥善的安排，这就要求研究中为所有组群都提供一些措施并实行它。
- 研究者和参与者之间的互动方式需要考虑。在某些研究环境中，权力容易被滥用，参与者可能是被迫参与该计划。以下方法可能会减少这种情况的出现：在设计时考虑如何与参与者取得合作以及资料收集前要优先考虑研究问题的合理性，并且在研究的各个阶段都积极寻求参与者的帮助。
- 研究者也要预计在数据收集过程中消极信息被公开的可能性，例如，学生可能会讨论父母的指责或者囚犯可能会谈论越狱。在这些情况下，研究者的准则是保护参与者的这些隐私，并且向所有参与到研究中的个体表明这种保护原则。

在数据分析和解释中的伦理问题

当研究者分析、解释定量研究和定性研究数据时，要求要有良好的伦理决策。在预计一个调查研究时，要考虑如下内容：

- 研究计划中将如何对个体、角色和事件予以匿名保护。例如，在调查中，研究者在编写代码和记录的过程中将姓名与答案分离。在定性研究中，研究者用个体和地点的化名或者假名保护参与者的身份。
- 数据一旦被分析，就要适当保留一段时间[如 5 ~ 10 年（Sieber，1998））, 然后研究者应该销毁资料，避免别有用心者盗用资料。

- 一旦通过收集和分析而拥有数据之后,研究团队或个人间可能会就资料的属权引起争执。方案可能提到了所有权问题,并就如何解决分歧也有所讨论,比如通过在研究者、参与者及在可能的情况下还有研究导师间建立起一个清晰的沟通机制来解决问题。伯格(Berg,2001)提出通过设计一个"个人协议"来指明研究数据的归属问题,这个理念的引申意义就是未参与该方案的个体无权分享数据资源。
- 在数据解释中,研究者需要对信息的准确性加以说明。在定性研究中为了保证准确度甚至要求在研究者和参与者之间进行"听证(debriefing)"汇报(Berg,2001)。在定性研究中,要用一种或多种策略(阅读第10章的实证策略)通过参与者或不同数据源去检查数据的正确性。

写作和发表研究成果中的伦理问题

伦理问题并不仅停留于数据收集与分析这个层次,它同样存在于最后的研究报告的写作与发表中,比如:

- 讨论研究中如何避免因为性别、性取向、种族或少数民族、残疾者或者年龄等方面而使用有歧视和偏见性的语言或词语。在《美国心理协会出版指南》(第5版)中就提出了三条准则。第一,在对特征的分析层次上使用不偏不倚的语言[例如,不说"那个职员的行为是典型的男性化",而是陈述为:"那个职员的行为是……"(具体描述做什么)];第二,运用有区分度的语言(例如,不用"400个拉丁美洲人"来暗示"400个墨西哥人、西班牙人和波多黎各人");第三,尊重研究中的参与者[例如,不用"被试(subject)",而用"参与者(participant)",不用"女医生"而用"医生"或者"内科医生"]。
- 研究写作中的其他伦理问题包括潜在的隐瞒、伪造或者杜撰数据以迎合研究者或读者的需要。这些欺骗性做法在职业研究团体中是不可接受的,并且它们构成了科学研究上的不端行为(Neuman,2000)。方案应该包含研究者明确表示不会这样做。
- 在规划一个研究时,预计某些读者对研究的传播的反响,以及不要使研究成果被不同利益者滥用是相当重要的。
- 最后,公布研究设计的细节以便读者能自行决定研究的信度也是很重要的(Neuman,2000)。有关定量研究、定性研究和混合研究的细节性步骤上的问题将在接下来的章节中论及。

小 结

在具体实施前考虑如何写作研究计划对于整体研究十分有益，把马克斯韦尔(Maxwell,1996)提出的九个议题作为关键要素包括在计划内，然后运用四个主题大纲之一来建构一个完整的定性研究、定量研究或者混合研究方案。

在写作过程中，注意写下所有的相关思想，养成有规律的写作习惯，术语使用要一致、叙述思想的不同层面和增强写作的连贯性。使用主动语态、强变格动词(strong verbs)和校阅及编辑等方式对写作是非常有益的。

在撰写计划前，要考虑到可能出现的伦理问题并把它纳入计划之中。这些问题与研究过程的所有阶段有关。考虑到参与者、研究场所和潜在的读者群，研究的计划中会包括伦理实践的问题。

写作练习

1. 为定量研究、定性研究和混合研究计划制订一个主题大纲，要包括本章所提范例的主要论题。

2. 指定一篇报告定性研究、定量研究或混合研究的期刊文章。仔细阅读文章的序言，并运用本章所阐述的“钩眼扣”方法，确认从句子到句子和从段落到段落的思路上的连贯性。

3. 从以下列出的研究者可能遇到的伦理困境中选择一个进行思考，并说明你对该问题的解决办法以及如何将它写在研究计划中。

- 你所访谈的囚犯告诉你当晚监狱中可能会出现越狱的行动，你会怎么做。
- 你们组上的一个研究者从其他研究中抄袭了一些句子，并且将其纳入你们方案的最终写作报告之中，你会怎么做。
- 一个学生为了他的研究需从人群中收集资料。他的访谈对象是你所在城市的几个家庭。在第四次访谈后，他告诉你他没有收到 IRB 发出的研究许可书，你会怎么做。

阅读推荐

- Maxwell, J. (1996). *Qualitative research design: An interactive approach*. Thousand Oaks, CA: Sage.①

马克斯韦尔提出了一个定性研究设计的方案形成过程，它在许多方面也同

---

① 本书第2版的中文译本将由重庆大学出版社于2007年2月出版(朱光明译，陈向明校)。详见：“万卷方法——质性研究方法译丛”。

样适用于定量研究和混合研究。他指出方案就是进行研究的契约,并且他列出了一个描述了九个必备步骤的范例,此外,他概述了一个完整的定性研究方案,并把其作为优秀模式进行了分析。

- Sieber, J. E. (1998). Planning ethically responsible research. In L. Bickman & D. J. Rog (Eds.), *Handbook of applied social research methods* (pp. 127-156). Thousand Oaks, CA: Sage.

希伯讨论了研究设计过程中伦理计划作为其有机组成的重要性。在这一章中,她提出了许多与伦理问题相关的综合评论,诸如IRB、知情意向表、隐私权、信任和匿名以及研究的危险因素和易受伤的群体等。她的研究覆盖范围很广,而且对有关策略建议也相当多。

- Wolocott, H. F. (2001), *Writing up qualitative research* (2nd ed.). Thousand Oaks, CA: Sage.

沃尔科特是一个教育民族志专家,他已经汇编了一本对定性研究写作过程进行多方面指导的优秀资料性图书。这本书全面概述了在以下这些方面的有用技巧:如何开头,细节处理,对文献、理论和方法的衔接,用校阅和编辑来精炼写作,以及通过增加标题和附录等方面以完成撰写过程等。对于所有有抱负的作者来说,不管其研究是定性的、定量的或是使用混合研究的,这都是一本必备的好书。

研究设计

第Ⅱ部分

这一部分叙述了路径定量研究、定性研究和混合研究——的研究步骤，每一章都阐述了一个独立的研究过程的具体步骤。

第4章 导 言

在完成了框架设计和最初的文献综述,并对写作策略和伦理问题考量之后,就要转向研究的具体实施设计。首先需要为研究方案设计一个导言部分,以使理念条理化。本章将探讨在定性研究、定量研究或混合研究中一份具有专业水准的导言的结构与写作技能。本章考查了这三种不同类型的设计在写作导言部分所存在的差异。同时,提供了一份完整的有参考价值并已出版的研究报告的导言作为写作模式以供读者参考。在该模式中,我们将按导言的基本结构逐节对其进行分析。这个结构以五个主要部分为基础构成,而未考虑研究的方法,它们包括:确立研究的选题;回顾有关该选题的参考文献;确定这些文献资料存在的缺陷;锁定读者群,并指出该选题的研究对此读者群的意义何在;对该研究进行目标陈述。由于这种方式的导言主要在于陈述以往文献的不足之处,故我们可以将它定名为社会科学导言的缺陷型模式(deficiencies model)。

导言的重要性

导言是期刊文章、学位论文或学术研究的开篇之笔，它交待了整篇研究的背景知识。如威尔金森（Wilkinson，1991）所提到的：

> 导言作为在书面研究中为读者提供相关背景知识的部分，其目的是为研究确立一个框架，以便读者了解该研究与其他研究的关系（p.96）。通过传递研究问题的相关信息，导言为我们建立了导向研究的观点或认识，为研究搭建了平台。正因为它在一篇研究性论文中处于首要位置，我们在撰写导言的过程中更需倾注心力。遗憾的是，许多课题研究的作者并未能清楚地确定所需研究的问题，致使读者只能靠自己去猜测研究的“兴奋点”。甚至，有的研究者将研究课题与研究问题混为一谈，而这些问题则是研究者应当解答，以便于理解或解释所要研究的课题。

许多潜在的素材都可能成为我们研究的课题。它可能来自研究人员在日常生活或工作场所的亲身经历，也可以是在理论界多年来广有争议的一个论题，还可以是由政府部门或高层行政官员制订的有争议的政策演化而来。总之，我们所研究的课题的来源渠道是非常多样的。

导言还有一个作用，即要促使读者进一步拓宽阅读范围，并关注该论题的研究价值。这一点增加了导言的复杂程度，使导言的写作变得困难。导言要能激发读者对该论题的兴趣，有助于建设导向研究的问题，能把研究置于更广泛的学术文献背景之中，并能面向特定的读者。所有这些都要在极少的篇幅中完成。由于这些要表明的信息必须在有限的写作空间里予以传达，故导言对我们的写作与理解水平提出了挑战。

所幸的是，我们这里提供了一个非常标准和专业化的有关社会科学研究的导言的结构模式。在介绍该模式之前，我们还须辨别定性、定量和混合研究导言的细微差异。

定性、定量和混合研究的导言

回顾我们手头上所有的导言,可发现它们都遵循一个大致相同的模式:作者提出研究课题,然后论证研究的必要性。由于不同的研究课题需要对应定性、定量、混合这三种不同的研究方式(如第1章所述),故导言中提出的课题类型由于研究方式的不同而有所区别。在一个定性研究方案中,作者将通过探究所做研究课题的概念及其现象来对该研究课题进行阐释,以加深读者对它的理解。我认为定性研究是开拓性的,当研究人员并不了解其研究对象的理论基础和所含变量时,就需要运用定性研究对该对象进行研究,如莫尔斯(Morse,1991)这样写道:

> 定性研究课题的特征是:①由于明显缺乏理论支持和前期研究,有关概念显得"不成熟";②现有理论的注解可能不准确、不协调、不正确或存有偏见;③存在对所研究的现象进行进一步深究、描述和发展原有理论的必要;④课题本身的性质可能不适合采用定量研究。(p.120)

比如城市化问题(一个课题)就需要对一个国家的某些尚未得以探查的特定区域做探究。再如,在小学生学习焦虑(一个课题)这个问题上,最佳研究途径是直接走进教室与教师和学生当面交流。一些定性研究者通过一些理论透析来揭示问题(如男女薪酬的不平等问题或在高速路上对各种肤色司机的种族态度)。托马斯(Tomas,1993)指出:"批判性研究以所有文化生活始终是在控制与反叛之间存在着张力为前提而开始研究。"(p.q)这种理论根源就固定了导言的结构。例如在拜塞尔(Beisel,1990)所做的一份研究报告的导言中,对于三分之一的美国城市未能有效打击犯罪活动这一事实如何用政治阶层理论来验证做了一些设想。因此,在一些定性的研究分析中,导言部分可以像大多数定性研究那样,在减少推导过程的同时,依靠研究参与人员的洞察力。另外,运用定性研究的导言可以像穆斯泰卡斯(Moustakas,1994)在现象逻辑学研究中所发现的那样,以对个人经历的陈述来作为开头。另外,作者也可以从个人的角度出发,把研究人员自身作为第一人称来写。

定量研究导言很少有变化。在一个定量研究的方案中,最好通过弄清楚什么因素或变量将会影响研究结果来提出一个论题。例如,就裁员的问题(所有雇员都可能遇到的问题)而言,研究人员可能去寻求究竟是什么因素导致了企业规模的缩减;而另一个研究者可能要去弄清楚已婚夫妇的高离婚率(一个课题),并探究经济状况是否对离婚有影响。这两种情况中,所研究的课题都是通过对能解释结果或与结果有关的因素的理解以帮助研究者理解并解释问题本身。另外,在定量研究导言中,有时候研究人员提出理论假设,并以此确定在其未来的研究中需要提到并作出回答的问题。在写作定量研究的导言时,可以用非个人观点和过去时态以使研究语言具有"客观性"。

混合研究可采用定性或定量研究(或二者结合)来写导言。例如,当我们既需要理解各变量间的关系,又需要对主题做更深层次的挖掘时,就可用到混合研究。如用混合研究方案,可以先通过对吸烟行为与青少年的压抑之间的关系来寻求一种初步的解释,然后探讨青少年对这个问题的详细看法,并揭示吸烟与压抑关系的不同模式。在定量研究方案的第一阶段,导言可包含一个对可预测性关系的理论讨论。

导言模式

这几种导言写作方法间的差异甚微,它们在很大程度上取决于被研究的课题类型,以及与之相适应的定性、定量和混合研究方式。在此列举一种设计和写作研究导言的方式,对课题研究将很有帮助。

缺陷型模式是为方案或研究课题写作导言部分所固有的普遍适用模式。它被广泛地用于社会科学研究中,一旦其结构被解释清楚,就不难发现它在很多学术研究中都曾出现过。该模式包含这样五部分:

1. 研究的课题;
2. 与该研究课题相关的已有研究;
3. 已有研究中的不足;
4. 该课题对于读者的重要性;
5. 研究目的的陈述。

一个实例

在评论各部分之前,先举一个实例。这个例子是特里恩津尼、凯布里拉、科尔贝克、比约克隆和帕伦堤(Terenzini, Cabrera, Colbeck, Bjorklund & Parente, 2001)在《高等教育杂志》(*The Journal of Higher Education*)发表的题名为《课堂中的民族与种族多样性》(*Racial and Ethnic Diversity in the Classroom*)的定量研究(转载已获允许)。

接下来的案例中,我将简要地提示作者所使用导言的构成成分。

> 自从1964年颁布《公民权利法案》(*the Civil Rights Act*)与1965年颁布《高等教育法案》(*Higher Education Act*)以来,美国各高校一直在为加大校内学生与教职工的种族多样化而斗争,并且这一反种族歧视的"积极行为"已作为一种政策选择(the policy-of-choice)用来接收异族师生。(**作者陈述了叙事钩**)然而,这些政策现在却成为国内争论的焦点。当前积极行为政策的立法是基于1978年"加利福尼亚大学董事诉巴克案(Regents of the University of California v. Bake)"。案中,威廉姆·鲍威尔(William Powell)法官认为,种族问题可置于那些已有的判例中去裁量。然而在美国第五巡回上诉法院1996年"霍普伍德诉联邦税收案(Hopwood v. state of Texas)"时,人们才发现威廉姆·鲍威尔观点的欠缺。法庭裁决把积极行为政策抛置一边的同时,在加利福尼亚州、佛罗里达州、路易斯安娜州、缅因州、马萨诸塞州、密歇根州、密西西比州、新罕布什尔州罗得岛、波多黎各各地通过公民投票,立法并宣布禁令:剧减进入许可或雇佣的种族敏感政策。(Healy,1998a,1998b,1999)
>
> 作为回应,教育界和其他人士则提出用教育学界所持的观点来支持这则准行方案。他们纷纷声称:一个多样性的学生团体远比单一性团队更有教育影响。哈佛大学校长内尔·鲁登斯丁(Neil Rudenstine)谈到:"在高等教育中存在学生生源多样化的合理性是基于它在教育意义上的价值。"(Rudenstine,1999,p.1)密歇根大学校长Lee Bouinger也谈到:"在一间教室内,若未能聚集来自不同民族的学生,必将导致课堂讨论的乏味与枯竭。"(Schmidt,1998,p. A32)并非仅此二位校长持有此类观点,一份由美国大学协会出版并得到62所研究型大学校长支持的声明中也提到:"作为教育者而言,我们相信将学生置于一个多样化的环境中所受到的教育必将长远获益。"(纽约时报, April 24,1997,p. A27)(**作者确定了研究问题**)
>
> 那些关于学校学生多样性给教育带来影响力的学术研究成果不外乎是通过以下三种形式来谈:少部分研究者把学生的"多样化"视为校园中不同民族/种族或性别的学生的数字或比例(Chang,1996,1999a; kanter,1997,Sax,1996);……相对较多的研究则将一些学生结构的多样性付之于可实施的措施,如把来自不同民族的同龄人安排在一起,让他们自然频繁

地互相交流;第三种类型的研究则是验证学生多样性的结构构成,并有目的地实施规划,帮助学生在观念上和行为上都能投身于民族或性别的"多样性"中去。

这些不同类型的研究都被用以检验学生多样性在教育上所起到的作用。其中所列的事例几乎都在一致阐明那些生活在由不同民族/种族或性别组成的团体或正置身于这种多样性活动的学生们,他们在所受到的教育上都获得了非常大的积极的收益。(**作者指出了与该课题相关的已有研究**)

只有少量的研究(Chang,1996,1999a; Sax,1996)专门验证了在一所大学校园内,或是在一间教室里,来自不同民族,具有不同性别身份的学生聚集在一起所受到的教育究竟是否能达到前面那些研究中所声称的那样大的收益……是否在一所大学校园或课堂里,学生民族多样化程度对学习的效果有直接影响。然而,这仍是一个没有定论的开放式问题。(**提出了已有研究中的不足**)

如果这些研究资料将支持种族敏感政策,由于这也正是法庭所需要的依据,那么缺少有关在大学校园或课堂内实施学生结构多样性的教育效果的研究,的确是非常令人遗憾的。(**提出该研究对于读者的重要性**)

本研究试图通过深入探讨在教室内实施学生结构多样化对于一所学校和其学生才智发展的影响来充实该领域的理论基础……该项研究还将检验课堂学生多样化对学校和其学生才智的发展所产生的直接作用,以及在课堂上实施参与和合作的教学方式是否可能减弱课堂多样化的影响。(**确定研究目的**)

研究课题陈述

当研究人员开始写研究报告时,通常以一个或几个段落论述具体的研究课题或观点。他们也通常在全文的第一段话中提出引起读者兴趣的信息,接下来,作者提出一个鲜明的需阐述的研究课题。

在特里恩津尼等人(Terenzini,et. al. ,2001)的这则文章中,第一段同时达到了两个目的:既激发读者对研究的兴趣,又能表达一个明确的研究问题或论点。这样的句子有什么作用呢?它会吸引读者继续读下去吗?它能达到使广大读者都能理解的程度吗?这些对于文章开篇如此重要的问题被称为"叙事钩(narrative hooks)",这里借用英语作文中的一个术语,意在把他们引入到研究中去。仔细分析不同研究领域的期刊论文中的开篇句子,可以帮助我们学习如何写好叙事钩。通常,新闻工作者在他们的报刊或杂志上所作的导言就为我们提供了很好的范例。以下是摘自社会科学类期刊的一些范例:

- “以变性和其对于种族的态度而出名的阿格尼斯(Agnes)在做变性手术的三年前就已改变了她的性别身份。”(Cahill,1989,p. 281)
- “是谁在幕后操纵首席执行官继任的过程呢?”(Boeker,1992,p. 400)
- “有大量的关于测绘路线(the cartographic line)的研究文献[最新的一份摘要文章是1985年巴特恩费尔德(Buttenfield)所作的]以及关于测绘路线的概述(McMaster 1987)。”(Carstensen,1989,p. 181)

这三个范例对于读者来说是非常容易理解的。前两个定性研究导言的例子展示了如何通过个案研究的例子和摆出问题的方式引起读者们的兴趣。第三个关于定量实验研究的例子,则告诉我们怎样从文献视角着手。这三个例子很好地说明了以什么样的开场白才能逐步把读者引入正题,而不会受到其他细节上的干扰。

我们把读者比作沉入井中打水的木桶来说明问题。没有经验的作者一开始就把木桶(读者)沉入井(文章)的最深处去打水。这个时候,读者只能够了解到那些并不熟悉的东西。而有经验的作者会慢慢降低木桶(读者),这样可使读者渐渐融入到研究中去。“木桶的降低”是以足够的概述(叙事钩)为开端的,而且这种概述为读者所理解并和主题相关。

除开篇句之外,为读者指出导向课题研究必要性的问题或论点也是非常重要的。特里恩津尼等人(Terenzini, et. al. ,2001)讨论过一个与所研究的课题不同的论题:在美国大学校园内日益增长的为争取种族多样化而进行的斗争。他们指出增大多样化程度的政策正是“全国上下最有争议的焦点”(p. 509)。

在社会科学应用研究领域,研究的课题主要来自于各种争议、难题和当前的实践。比如,许多学校还没有实行多元文化的指导方略;学院里的教师对自己的专业化发展极为需要;少数学生希望有更好的机会升入大学;一个社团需要更好地了解其女性主义先驱者的贡献。诸如此类的问题对于确立一个需要去解决的有现实意义的课题,以及今后进一步做有价值的研究都是非常有意义的。一个研究课题通常是那些存在于各种文献资料、理论或实践中,且有必要拿出来做一番研究的有争议的问题。当研究人员提出诸如“这项研究有何必要性”或者“究竟是何种因素使得这项研究具有必要性”这类问题时,课题中需要研究的问题就显得清晰起来。

当设计研究论文的开头段落时,可以遵循以下规则:

- 写好开篇句,激发读者的兴趣,又要使人们广为关注的相关论题得以表达。
- 作为一般性准则,开篇句要尽量避免援用引文,尤其是较长的引文。引文可能会有许多种不同的解释,以至使文章开头不够明确。然而,正如在一些定性研究中所出现的那样,引文可用来引起读者的兴趣。
- 避免使用惯用语或者陈辞滥调[例如"在很多高校教师的课堂上仍保留着'神圣不可侵犯的(sacred cow)'教学方法"]。
- 应考虑采用数字化信息来增强影响力(如"据估计,就现有的家庭人数而言,每年有500万美国人在面临死亡的考验")。
- 明确提出导入研究的研究课题(如困扰、争议)。研究者可这样来反问自己:"我是否使用了一个(些)明确的句子来表达这个研究问题?"
- 通过引证那些证明研究这个课题必要性的参考书目,来指出为什么此课题很重要。
- 确保研究课题和研究方法一致。如在定性研究中逐步探索,定量研究中检验变量间的关系或预测其趋势,混合研究则使用其中的任一方法。

已有研究成果综述

在开篇段落确立好研究的问题以后,特里恩津尼等人(Terenzini, et. al., 2001)通过综述以往对该问题所做的研究来证明这个研究问题的重要性。他们详述了"三套研究"(p. 510),似乎在他们的面前有一幅就像第2章所讨论的文献图,并且他们简单地提出了在教育系统研究中,学生多样化所带来的影响的几个主要方面。应当指出,在他们综述的例子中,着重介绍了较大的学生组群,以使其文中的要点能涉及更宽泛的文献图,而略去了那些孤立的单个研究。在定量研究中(有时也在定性研究和混合研究中)这部分通常是在"文献综述"中,紧接着就是导言,在其间可以找到许多已有研究的详细综述。

对以往涉及该问题的研究做一个综述,其目的在于区分已有的研究与当前研究的不同,并以此来证实该研究的重要性。这一部分可被定义为"在文献的对话中确定研究课题"。研究人员往往不会完全通过复述他人的研究成果来进行研究。新的研究需要引入更多的文献资料或者在前人研究基础上去拓展或重新检验。马歇尔和罗斯曼(Marshall & Rossman, 1999)谈到"要在传统探究方式和相关研究背景下"进行研究(p. 43)。以这种方式来框定课题的能力是有经验的研究者与新手的区别所在,有经验的研究者知道在某一领域内的一个主题或某一课题已做过哪些方面的研究。这种知识源于长期以来对这些课题的研究发展状况及其补充文献的关注。

人们往往对所需综述的文献的类型感到疑惑。我建议最好是综述那些已由作者提出问题,并安排了具体材料去回答的那些研究。这样的研究可能是定量的,也可能是定性的或混合的。关键在于这些文献提供了哪些与计划中研究课题相关的研究。另一个问题是“我现在该做什么?所研究的主题从未有前人涉足过”。当然,在一些范围较窄的或者新的研究领域,没有现成的研究资料是很正常的。为了解决这一问题,我常常建议研究人员把参考文献看做一个倒置的三角形。这个倒三角形的底端是正在计划中的研究课题,且这项研究的范围很窄而集中(没有相关研究)。一旦我们把视线拓展到这个三角形被倒置的底边上,可以发现仍有很多资料可供参考,尽管它们跟我们所着手的这项研究不直接相关。这种建筑在广泛基础上的文献综述可以从中筛选出与我们研究相关的资料。

在对一项研究课题导言部分做涉及该课题已有的相关文献综述时,应注意以下问题:

- 要概述多项而非单项研究的参考文献,目的是为研究建立广泛的领域(不同于第 2 章中对一个个单独的研究对象做整体综述)。
- 为弱化单项研究,把文中的注释安排在段末或几个研究摘要的末尾。
- 对那些采用定性、定量和混合研究进行综述。
- 找寻近期的文献(如近十年的文献),除非某篇较早期的经典文献已经被其他学者广泛引用,才能将该研究纳入文献。

已有文献中存在的不足

在提出问题并综述该问题的相关文献后,研究者接着要指出以往研究的不足之处。因此,我运用缺陷模式作为撰写这种研究导言的模型。这些缺陷的特征在不同的研究中不断变化。由于作者没有研究具体的变量,或者作者没有跟特定的群体、样本或总体相结合来探讨这项课题,因而文献可能是有缺陷的。可以把这些文献呈现给新的参与者或置于新的研究场景,以进行复制或复述,以观察是否会有同样的结果。在任何给定的研究中,作者应注意一个或多个这样的缺陷。如果其他作者同样也对这些缺陷提出质疑(特别是在研究报告的最后“对将来研究的建议”这一部分中),那么,作为对研究方案的进一步证实,这一部分可以包括有关这些研究的参考文献。

除了指出缺陷外,方案作者还需指明在他的研究中,将如何对这些缺陷进行矫正或处理。倘若在过去的研究中忽视了一个重要的变量,就应在自己的研究中包含它,并分析其影响。比如说,由于在以往的研究中忽视了把印第安人作为一个文化群体来研究,在自己的研究中就应把其纳入到研究方案的参与者之中。

在下面的两个例子中,作者指出了过去研究的不足。注意他们在指明这些问题时所用到的关键的语句:"哪些地方仍待进一步探索呢"、"几乎没有经验性研究"、"非常少有"、"过去的研究鲜有指出……"

例 4.1 已有文献的不足之处——仍需继续探索

因为这个原因,战争与和平的意义已经被社会学家广为研究(Cooper, 1965; Alvik, 1968; Rosell, 1968; Svancarova & Svancarova, 1967-1968; Haavedsrud,1970)。然而,哪些仍待进一步探索呢?曾参加过战争的老兵们在面对现代战争中那些仿佛就发生在昨天的真实场景又有什么样的反应呢(Ziller,1990,pp. 85-86)?

例 4.2 已有文献的不足之处——很少研究

尽管对微观政策的兴趣正在增加,但令人惊讶的是,事实上关于这一主题却鲜有研究。对教育领域政策的深入研究尤为罕见,几乎从未有人涉足过这样的研究,如关于教师如何运用权力有策略地影响学校的规章,很少有研究对其予以描述或归纳(Ball,1987;Hoyle,1986;Pratt,1984)(Blase,1989. P. 381)。

总之,在指出以往研究中的缺陷时,研究人员需遵循以下要点:

- 引用几个缺陷以使研究的案例更有说服力。
- 指明其他研究的具体缺陷(如方法论缺陷、变量的忽略)。
- 写出已有研究中的不足时,应包括以下内容:主题、统计方法、重要意义等。
- 讨论研究方案如何矫正、已有研究的不足,以及有何贡献。

这些不足之处可被编排在几个连续的较短的段落中,如特里恩津尼等人(Terenzini et. al. ,2001)所介绍的那样,既可集中论述一处较大的缺陷,也可提供三四点缺陷来分别阐述。

研究对读者的重要性

所有的优秀作者都把读者放在心上。特里恩津尼等人(Terenzini et. al. , 2001)是以此来结束其导言的:关注法院将如何运用研究的信息,并以此来呼吁各高校支持种族敏感性准入政策(p. 512)。此外,作者还提到了该项研究对于招生办公室、学生寻找入学机会以及入学委员会审阅入学申请的重要性。

另外,作者还需辨明哪些读者有可能从此项课题的研究中获益。涉及的读者群体越多,这项研究就越为重要,被更多的读者所关注,其应用范围就越广。这些读者将会是各个行业中的不同群体,他们可能包括政策制订者、组织管理人员、其他的研究者,以及在某些工作机构中的个体。在导言中向读者介绍某项研究,可以简短地提及此项研究的受众群体[如特里恩津尼等人(Terenzini, et. al. ,2001)研究中的法官],并为受众群体具体地描述一些此项研究中的有关内容。

最后,对研究方案来说,一份优秀的导言往往以陈述此项研究的目的或意图来结束。特里恩津尼等人(Terenzini, et. al. ,2001)即以这种方式来结束导言,并且还表示他们将检验学生生源多样性对课堂中学生的学习技巧所产生的影响。目标陈述作为所有研究报告中的引导因素,我们将在下一章中集中讨论。

小 结

本章提出了为学术研究编写导言的建议。其首要因素是考虑怎样在导言中将定性、定量或混合研究与所研究的课题联系起来。然后提出了一则由五部分组成的实用性导言模式,它被称做缺陷模式,是基于先前研究所存在的问题(并包含一则叙事钩)而提出的,接下来综述了与该课题相关的文献,指出在已有文献中的一处或多处缺陷,并对如何完善这些缺陷提出建议。导言部分通常以提出方案的目标或主要意图和指出将从研究方案中获益的一个或多个受众群体来结束。研究的导言为每一部分的写作提供了指南。

写作练习

1. 为一项研究的导言草拟几个叙事钩的例子,并和同事们讨论这些引言能否引起读者兴趣。

2. 为一项研究方案写一则导言,内容包括:提出研究问题,与该问题相关的文献及它们所存在的缺陷,并指出将对这项研究感兴趣的受众群体。

3. 寻找几篇在学术期刊上已发表的关于某一领域的研究,阅读其导言,并找出作者陈述研究的课题或观点的语句的位置。

阅读推荐

• Bem, D. J. (1987). Writing the empirical journal article. In M. P. Zanna & J. M. Darley (Eds.), *The compleat academic: A practical guide for the beginning social scientist* (pp. 171-201). New York: Random House.

贝姆着重强调了开放性陈述在已出版的研究性读物中的重要性。他为开放性陈述提供了一系列经验性方法,增强了其明确性和可读性,并为把读者一步步引向作者对课题的陈述提供了步骤。本书还同时提出了合格的开放性陈述与不合格开放性陈述的范例。贝姆还建议开放性陈述适合非专业性的读者,同时又不让技术性的专业性读者厌烦。

- Maxwell, J. A. (1996). *Qualitative research design: An interactive approach.* Thousand Oaks, CA: Sage.

马克斯韦尔对于定性研究学位论文的研究目标进行了反思。研究方案的一个基本方面是为了让读者不仅能理解作者打算怎样来进行这项研究,并且还要知道为什么会这样来计划。他还强调了作者确定在研究方案中将涉及的争议点的重要性,并分析了这些争议点对于研究项目非常重要的原因。他还运用了一则学位论文研究性方案的案例中作者提出的几个主要的争议点,为他的研究提供了非常有用的论据。

- Wilkinson, A. M. (1991). *The scientist' s handbook for writing papers and dissertations.* Englewood Cliffs, NJ: Prentice Hall.

威尔金森把导言分为三部分:对该课题形成原因的陈述和对其本质的讨论,对该课题所属背景的分析,及对研究问题的陈述。她的书提供了大量的有关这三部分的案例,并分析讨论了导言的结构以及它的成文过程。本书的重点在于探讨导言在对研究问题进行陈述时如何确保其逻辑性和准确性。

第5章　目标陈述

导言部分集中介绍了导致研究的课题，目标陈述则要确定研究的方向。实际上，在整项研究中，目标陈述是最重要的。它先把读者导向研究的中心意图，再由此推及其余部分。在期刊文章中，作者常常把目标陈述放在导言部分，而在论文或学位论文的开题报告中，目标陈述则常作为一个独立部分。目标陈述应尽可能写得言简意赅。

由于目标陈述在一项研究中处于重要地位，所以本章将集中讨论这一问题。我将谈到为什么要进行目标陈述，设计目标陈述应遵循哪些原则，并将提供一些好的范例。

目标陈述的意义与价值

洛克、斯皮尔都秀和西尔弗曼(Locke, Spirduso & Silverman,2002)指出,目标陈述就是要表明"你为什么要进行这项研究,以及你打算完成什么"(p.9)。然而,方法与方案写作(method-and proposal-writing)教材很少留意目标陈述,方法论作者常常把目标陈述并入其他主题(如阐明研究问题或假设)的讨论中去。如威尔金森(Wilkinson,1991)就把目标陈述放在研究课题和目标的背景中。其余一些作者则常把它作为研究课题的一个方面(Castetter & Heisler,1977)。不过,仔细研究他们的讨论就会发现,他们均认为目标陈述是研究的核心所在。

由此,鉴于本部分介绍了整个研究的意图,故我将把它称为"目标陈述"。方案中,研究人员需要仔细辨明研究的目标、研究课题及研究问题之间的关系。研究的目标阐明了研究的意图,而不是研究的问题和观点导致了研究的需要(第4章)。研究目标同样也不是研究的问题——那些问题将由所收集的数据来给予回答——这将在第6章中讨论。事实上,研究目标树立研究或方案的对象、意图和主要的理念。这些理念以需要(研究的课题)为基础,并精炼成具体的问题(研究问题)。

考虑到目标陈述的重要性,把它从研究报告中分离出来,作为单独的句子或段落以方便读者识别是很有帮助的。尽管定性、定量和混合研究的目标陈述都使用相似的主题,但接下来我们将把它们分开阐述,并展示"脚本(script)"以说明怎样去为一份方案或研究建构完整且可操作的目标陈述。

定性目标陈述

一份优秀的定性目标陈述涵盖了定性研究中的重要元素:使用取自如施瓦特(Schwandt,2001)的《定性研究词典》中的研究性词汇和基于个人经验形成的设计步骤。因此,我们在写作目标陈述时须注意几个基本的设计特征:

- 使用诸如"目标"、"意图"、"对象"这样的词来提示读者对研究核心的注意。用独立的句子或段落来凸显目标陈述,并使用如"这项研究的目的(或意图、对象)(将)是……"这样的研究性语言。在期刊文章和学位论文中,研究者常使用现在时态或过去时态,而在方案中,使用将来时态,因为研究者这时通常只是提出一项研究计划。

- 集中关注单独的现象(或概念、观点)。把研究范围缩小到去探究或理解一个观点,而不是像典型的定量研究那样陈述两个或多个变量之间的关联,或是对两组或多组进行比较。在提出一个用于研究的单一现象时,要认识到它会涉及对几个相关观点的比较及其关系的探讨,但这些探讨不能被放置在定性研究的开头部分。例如,我们可以把探讨“系主任的角色”作为开头来引出其在增强院系建设中的作用(Creswell & Brown,1992)。其他的定性研究,可能是以探讨“教师身份”作为开头,由此引出在学校里教师身份的边缘化(Huber & Whela,1999);或是在对工作雇佣的研究中,由“棒球文化”的意义,进而推及到讨论体育场中的雇员问题(Trujillo,1992)。这些例子都表明在目标陈述中应先集中提出一个单独的观点。
- 使用行为动词来揭示研究将产生什么样的认识。这样的行为动词和短语有“描述”、“理解”、“形成”、“验证……的意义”、“发现”等。注意保持研究的开放性并转述一种形成性设计。
- 好的设计可以通过使用中性语言而不是对结果的预估来增强。比如,我们可以探讨 “个体经历”,而非“个体成功的经历”。其他容易引起问题的词或短语如“有效的”、“积极的”、“鼓舞的”等,均暗示了是否会产生一项结果。麦克莱肯(McCracken,1988)指出,在定性研究的访谈中,让被采访者描绘一下他的经历是必要的,而访谈者(即写作此目标陈述的作者)却会因为使用一些有暗示性的词语而偏离定性研究的“中立原则”(McCracken 1988, p.21)。
- 为文章所研究的主要现象和中心观点提出工作性定义(working definition)。定性研究中,这些巧妙的定义协调一致,它们不是严格的和固定的,而是暂定的,整个研究都是基于参与者的信息而不断演化的。因此,作者可使用这样的语句:“在此,对……(主要现象)的初步定义为……”。同时,还需注意,这样的定义不能与后面将提到的定性研究方案中的详细的“术语定义”相混淆。在此下定义的目的是为了在研究报告或方案的开头部分让读者对所研究的主要现象有一个一般性的感受,以便更好地理解将展开的研究内容。
- 应包括那些指明在数据收集、分析和研究进程中将用到的研究策略的名词,如该研究是否将用到民族志、扎根理论、个案研究、现象学或叙事研究。
- 注意提及研究的参与者是一个还是几个独立个体,抑或是一组人员还是整个机构。

- 确定研究场景。如家庭、教室、组织、表演或事件。尽可能地详细描写这些场景，以使读者能得知这一研究所发生的确切场景。

尽管在目标陈述中，实际情况会与上述总结的要点有所出入，但是，一份优秀的论文或其研究方案还是应当充分考虑以上的所有要点。

为帮助读者设计一份目标陈述，我准备了一个“脚本”，这个脚本将有助于起草一份完整的目标陈述。它包含了目标陈述中要用到的主要词汇和观点，并为研究人员插入该研究项目的相关信息提供了空白。这则定性研究目标陈述的“脚本”全文如下：

> 这则______（研究策略，如民族志、个案研究或其他类型）研究的目的（将）是为了对位于______（研究地点）的______（参与者，如个人、团体、组织）的______（将被研究的主要现象）进行______（理解、描述、形成、揭示）。在这一研究阶段，______（将要被研究的主要现象）将被暂时定义为______（给出一个大体的定义）。

以下的例子虽不能完全体现上面“脚本”中提到的所有因素，但它们仍不失为我们研究和效仿的代表性模式。

例 5.1　定性现象学研究目标陈述

劳特巴赫（Lauterbach，1993）研究了 5 名怀孕后期流产的孕妇及其痛失爱子的经历和回忆。她所做的目标陈述如下：

> 这则现象学研究通过详细描绘胎死腹中的母亲们的生活经历来讨论这些经历的意义。从女权主义的视角来透视母亲们的记忆以及她们的鲜活经历，将有益于认识过去未被知晓的母亲们的经历，帮助读者深入了解她们的故事和体验。研究方法包括对有此种经历的母亲们进行调查所取得的现象学映像资料和艺术作品里反映这一现象的调查（Lauterbach，1993，p. 134）。

劳特巴赫所做的目标陈述放在这篇期刊文章的开头部分，被定名为“研究目的”。因此，该标题便提请要对这个陈述引起注意。“母亲们的生活历程”是文章研究的主要现象，作者使用行为动词“描绘”去讨论这些经历的“意义”（中性词汇）。通过描述母亲们的“记忆”与她们“鲜活的经历”，作者进一步定义了将被验证的这些经历。纵观全文，很显然，劳特巴赫将运用现象学的有关方法。另外，文中提示参与者将是母亲们。紧接着在后文中读者得知作者的采访对象是一个由5位母亲组成的样本,她们中的每一位都有过产前流产而失去胎儿的经历。

例5.2 个案研究目标陈述

考斯(Kos,1991)曾作过涉及妨碍中学生阅读能力发展,造成他们产生阅读障碍的个案研究。她所做的目标陈述如下:

> 本研究的目的在于,在4名青少年身上,分别从情感、社会、教育的各因素出发探究哪些因素可能对阅读障碍的形成产生影响。这份研究同时还试图解释为什么经过了这么多年教师的指导,学生仍然存在着阅读障碍。这不是一个介入研究,尽管一些学生可能已经提高了他们的阅读能力,但这不是此研究所关注的焦点(Kos,1991, pp. 876-877)。

我们应注意到,考斯并没有明确表明这项研究不是一个测量学生阅读变化值的定量研究,而是用诸如"探究"一类的词语明确地将该项研究置于定性研究的方法上。她将注意力集中于各"因素"所引发的主要现象,并以举例的方式给出了一个初步的定义,如"情感上的、社会上的、教育上的"。她将这个陈述归于"研究目的"的标题之下以引起对此陈述的注意,并且她还提及了本研究的参与者。在摘要和研究方法部分,读者们将会发现这项研究使用的是个案研究策略,并且研究是在教室里进行的。

例5.3 民族志研究目标陈述

罗兹(Rhoads,1997)对如何在一所综合性大学中改善人们对男性同性恋或双性恋者的态度进行了长达两年的民族志研究。他所做的目标陈述也位于开篇位置,如下所示:

> 本文通过对特定几个能够改善对男性同性恋或双性恋者态度的区域的研究,补充了同性恋和双性恋学生的需要方面的文献。本文源于在一所由男性同性恋和双性恋学生所构成的亚文化状态研究型大学中所进行的长达两年的民族志研究;研究的焦点集中于男性,这本身就反映了女性同性恋和双性恋者构成了一个独立的大学生亚文化(Rhoads, 1997, p. 276)。

为达到改善校园氛围的目的,这则定性研究运用了我们之前在第1章中所提倡的研究类型。该文也同样在文章开头安排若干句子来告知读者研究的目的所在。这类学生的“需要”在后面的研究中成为作者提出的主要现象，并且作者努力地在寻求那些可改善对待男性同性恋或双性恋态度的“特定”区域。作者同时还提到，研究的方法将涉及民族志，并且该研究将针对一个重点研究型大学（研究地点）的男性学生（参与者）。但不足之处在于，在文章开头部分，作者并未对这些人的“需要”的精确分类提供附加信息或一个有用的工作定义。不过，他谈到了“特定”，并在下一节中对该短语进行了尝试性的探讨。

例 5.4　扎根理论研究目标陈述

里奇等人（Richie et. al.，1997）曾对 18 位在美国不同职业领域取得非凡成就的拉美黑人妇女和白人妇女进行定性研究，并形成了一套职业发展理论。在该研究报告的第二段，他们进行了目标陈述：

> 本文对美国八个不同职业领域的 18 位杰出的、取得非凡成就的拉美黑人妇女与白人妇女的职业发展进行了定性研究。这项研究的总目标在于探究这些妇女职业成长上哪些因素将起到决定性作用，尤其是与她们获得职业成功的相关因素（Richie et al.，1997，p. 133）。

在这则目标陈述中，主要现象为“职业成长”，并且读者从中得知这一现象将被定义为对这些女性“职业的成功”起着“关键作用”。在这则研究中，“成功”——这个带有感情倾向的词主要是为被研究的个体提供一个限定范围，而非限制所要研究的主要现象的范围。文中作者计划“探究”这一现象，并且读者们得知参与者均为不同行业的女性。作为研究策略之一的扎根理论在摘要和后面关于步骤的讨论中都被提及。

定量目标陈述

与定性研究相比，定量研究的目标陈述，无论从语言的角度，还是从陈述或比较变量或结构来讲，都有很大差异。变量是指能被测量或观察到，并存在于被研究者或组织间的不断变化的个人或组织的特征或属性（Creswell，2002）。具有明显特征的变量将在两个或更多的范畴或一个连续的记录中“变化（vary）”。心理学家更愿意使用“结构（construct）”（而非“变量”），这个词比具体的术语定义具有更多的抽象性内涵。然而,社会科学却更趋向于使用“变量”这个词,而它也会反复出现在我们的讨论中。在一些研究中经常要对变量进行测量,这些研究包括对性别、年龄、社会经济地位(SES),以及对诸如种族主义、社会控制能力、政治权力或领导能力的态度或行为进行测量。有几篇文章对我们可资使用的变量类型及其测量量表做出了详细的讨论(Isaac & Michael, 1981; Keppel,1991; kerlinger, 1979; thorndike,1997)。变量的分类由两个特征来决定:即时间顺序和测量法(或观察法)。

时间顺序意味着一个变量在时间上先于另一个变量。正是由于时间的顺序性,才使得一个变量影响或产生了另一个变量,尽管一个更精确的表述将其称为“可能的因果关系(probable causation)”。当我们在对自然界或是对人类自身进行研究时,研究者不能绝对地证明其原因和结果(Rosenthal & Rosnow, 1991)。这种时间顺序可让使用定量法的研究者开始考虑“由左至右”(Punch, 1998)的问题,并对目标陈述、研究问题和可视模型的变量按由左至右、因果顺序、显示关系安排。因此:

- 自变量是指(可能)导致、作用或影响结果的变量,它们也被称做描述变量、操作变量、条件变量、预测变量。
- 因变量是指依附于自变量的变量,它们是由自变量的作用而导致的结果。因变量也被称做标准变量、效果变量或结果变量。
- 中介变量或媒介变量(intervening or mediating variables)位于自变量和因变量之间,通过它的媒介作用使自变量产生的结果与因变量相联系。比如,如果学生在研究方法课程测试中取得了好的效果(因变量),这可能由于①他们研究的准备工作(自变量)和/或②对研究框架的组织理念(中介变量)影响了他们在测试中的成绩。中介变量——研究的组织——位于自变量与因变量之间。
- 另外两类变量分别是控制变量(control variable)和复合变量(confounding variable)。控制变量在定量研究中扮演着主动的角色,它们是在研究过程中被测量的自变量的特殊形式,因为它们对因变量有潜在的影响。研究人员通常使用统计程序(如:协方差分析)来对这些变量进行控制。例如,这些变量可能是人口统计或个体变量,它们能够被“控制”,以便确定自变量对因变量的影响。另一种变量——复合(或虚假)变量,在研究过程中实际上并没对它进行过测量或观察。它虽存在,但是它的影响不能在研究中被直接测出。研究人员是这样对复合变量做出说明的:在完成研究以后,由于一些变量可能已经对解释自变量和因变量间的关系有所影响,但它们不能被很容易地评价。

由上述可知,定量研究目标陈述的设计首先要确定在一项研究中准备使用到的变量(如自变量、中介变量、因变量、控制变量);然后画一个直观模型以明确它们出现的先后顺序、位置,并具体说明将如何测量或观察这些变量。最后,量化变量目的,要么是描述变量(如一项调查中的代表性发现),要么是与样本或组群的结果相比较(正如在实验中普遍见到的)。

以上知识在于帮助设计定量研究的目标陈述。而一个篇幅简短的优秀的定量目标陈述则主要包括以下几点:

- 使用表明研究的主要目的的词语,如"目的"、"意图"、"目标"。可以用"这项研究的目的(目标、意图)是(将是)……"作为开头。
- 指出研究或方案中用于测试的理论依据、模型或概念框架。在此无需做出详细描绘,在第7章我将为此单独列出"理论视角"一节。在目标陈述中提及它是为了强调理论的重要性,同时指出它在研究中的应用。
- 确定自变量、因变量以及研究中将要用到的所有中介变量或控制变量。
- 使用表明自变量和因变量之间关联的词语。如两个或多个变量间的"关系"、两组或多组群间的"比较"。为在目标陈述中为变量建立关联,大多数定量研究采用以上两种方法中的一种,但也有同时采用这两种方法的。例如,在一个二因素实验中,研究人员把两个或多个实验组及一连续变量作为自变量。尽管在一个典型的发现研究(finds study)中才要比较两个或多个组群中的关系,但在调查研究中也可以对组群的关系进行比较。
- 在目标陈述中变量间的位置或顺序是从左至右的,自变量在前,因变量在后,中介变量位于自变量与因变量之间,控制变量也被放在自变量与因变量之间,也可把控制变量放在紧随因变量之后的位置,使用如"为了控制……"之类的短语。在实验中,自变量总是"操作性"变量。
- 指出研究所使用的策略的具体类型。通过整合这些信息,研究人员期望对研究方法展开讨论,并使读者能够将变量间的关系与研究的方法相结合。
- 指明研究的参与者(或分析单元),并指明研究的场所。

- 为研究中每一关键变量作一般性的定义,最好使用已被确认的定义。在定量研究中,研究人员通常使用已有的且已被大家所接受的变量的定义,包括在此专门提供的一些帮助读者更好地理解目标陈述的一般的变量定义。但它们不会取代在后面的方案中所讲到的“术语定义”(见第 8 章)中的具体的、操作性定义(对怎样测量变量的详细论述)。

基于上述要点,一个定量目标陈述的“脚本”可包含以下内容:

> 这则______(实验、调查)的目的在于通过把______(自变量)和______(因变量)进行______(比较、联系),对______(参与者)在______(研究场所)的______(控制变量)进行控制,以验证______理论。自变量______一般定义为______(给出一个一般性的定义)。因变量一般定义为______(给出一个一般性的定义)。同时,控制变量与中介变量______(确定控制变量与中间变量)将在研究中被统计控制。

下面的例子将说明“脚本”中的大多数要点。其中前两则为调查研究,后一则为实验研究。

例 5.5 一份已出版的调查研究目标陈述

凯洛夫(Kalof,2002)对 54 位高等院校的妇女对性暴力的态度和体验进行了一次时间跨度长达两年的研究。这些妇女分别对时隔两年的两份相同的电子邮件调查做了回应。作者在开头的导言部分结合研究的问题进行了如下的目标陈述:

> 本研究试图详尽阐述并弄清妇女们的性角色态度和体验与性侵犯间的关系。我将用两年间对 54 位高校妇女所做的调查取得的数据来回答以下问题:①在这两年期间,妇女的态度影响了受性暴力侵犯的程度吗? ②在遭受到性侵犯后,她们的态度是否有所改变? ③已遭受过性侵犯的妇女再次遭受性侵犯的风险是增加还是减少(Kalof,2000, p.48)?

尽管卡洛夫并没有提到她将测试的研究的相关理论,但明确了她的自变量(性角色态度)和因变量(性侵犯)。她按照从自变量到因变量的方式为这些变量确定了位置，她也讨论了变量间的“连系(linking)”而不是“联系(relating)”以确立其相互关系。上文还确定了参与者(妇女)和研究场所(高等院校)。接着，在研究方法部分，她提到研究所使用的是一个邮件调查。尽管她未对主要变量进行定义，但是在研究问题中提供了测量变量的具体方法。

例 5.6　一则论文中的调查研究目标陈述

德格劳(DeGraw，1984)完成了一篇以成人行为矫正机构工作的教育者为主题的教育博士论文。他以“课题陈述”为标题，提出了研究的目的：

> 该研究的目的在于检验个体性格特征与那些执教于美国成人行为矫正机构并有执教资格的教育工作者的工作动机之间的关系。个体特征分为回应者的背景信息(如机构信息、受教育水平、前期培训等)和回应者变换工作的想法的信息。对这些背景信息进行验证对于该项研究来说是非常重要的，因为它有望识别性格特征与流动动机的显著差异因素。研究的第二部分则以向回应者询问来确定与他们相关的动机因素。在关于教育工作内容研究(EWCS)的问卷调查(Miskel & Heller，1973)中则确立了六点基本要素来定义工作动机。这六点要素分别是：个人挑战和发展的潜力、竞争力、对于成功和酬劳的期望、对工作压力的忍耐力、保守的安全感、自愿选择不稳定收入与避免不稳定收入(DeGraw，1984，pp.4，5)。

这则目标陈述涵盖了一份优秀目标陈述所应具备的一些要素。它独立成节，使用了“关系”这个词，为术语做了定义，并提到了总体。另外，从该目标陈述中变量出现的次序来看，能清楚地辨别出自变量和因变量。

例 5.7　一则实验研究目标陈述

布思-丘利、爱德华兹，以及罗森费尔德(Booth-Kewley，Edwards & Rosenfeld，1992)进行了一项研究，他们把以电脑形式进行回应的社会期望值与以笔和纸的形式进行个人问卷调查的期望值进行了比较。他们还在一所大学的学生中间完全重复地进行了这项研究，并使用了一个“期待性回答平衡调查表(Balanced Inventory of Desirable Responding，BIDR)”。它由两个量表构成：操纵印象量表(impress man gement，IM)和自欺量表(self-deception，SD)。在导言部分的最后一段，作者提出了该研究的目标：

> 我们设计的此项研究目的在于比较海军新兵们对操纵印象和自欺量表的回应，以三种方式进行：纸笔方式、允许来回修改的电脑作答方式、不允许来回修改的电脑作答方式。大约有一半的新兵采用了匿名方式，另一半则采用了署名方式(Booth-kewley et al.，1992，p.563)。

这则目标陈述同样体现了一份优秀目标陈述的许多特征。它是从导言部分的其他观点中独立出来作为一个单独段落,它还提到了将要进行的一项比较,并确定了实验的参与者(分析单元)。依据变量间的顺序来看,作者把因变量放在最前面,这与我的主张相反(但仍清楚地指出了实验组)。尽管上文中并没有提及理论基础,但在该目标陈述之前的段落中已有对于前人所做理论的综述。作者同样也没有告诉我们研究的策略,但在其他段落中,尤其是那些和研究步骤相关的段落,已把该研究作为实验进行了探讨。

混合研究目标陈述

混合研究的方案或研究需同时用到定量与定性两类目标陈述。这些陈述在研究前期的导言部分就需要被确定下来,它们对读者理解研究中的定量研究与定性研究部分具有重要指导作用。以下几点可对混合研究的目标陈述的组织与表述有指导意义:

- 以有提示性的语句来作为开头,如"……的目标"或"……的意图"。
- 明确混合研究设计的类型,如顺序型、并行型、转换型。
- 对混合研究方案中的定量与定性数据的逻辑依据进行讨论,其逻辑依据应是:

  ——通过会聚(或三角互证)定量研究中大量的数据趋势与定性研究中的细节使读者能更好理解所研究的课题。

  ——探讨参与者的观点并用以构建或测试抽样工具的有效性。

  ——从样本中获得统计、定量结果,然后,针对少数个体,对其研究结果进行更深层次的探讨。

  ——尽量好地表达出被忽视的组群与个体的需要。
- 具备一份优秀的定性目标陈述应有的特征,如聚焦于单一现象,使用行为词和中性语言,指出研究策略,确定参与者及研究场所。
- 具备一份优秀的定量目标陈述应有的特征,如确定理论及变量、陈述变量或者根据变量对组群进行比较、按从自变量至因变量的顺序来排列变量、提及研究所用到的方法、确定参与者及研究场所。
- 考虑关于定量与定性研究中资料收集的具体类型的附加信息。

下面是基于上述要点提出的三个混合研究目标陈述的"脚本"。前两例属顺序型研究,后一例属并行型研究。

这种两阶段、顺序型混合研究的目的是，探讨参与者的观点并用以建立和测试从总体中进行抽样的工具。第一阶段是通过收集在______（研究地点）的______（参与者）的______（数据）来对______（主要现象）进行的定性探究。而从定性数据中得出的主题将被转化为一种工具，以便______（理论、研究的问题或假设）能够被测试。这种测试通过对______（研究场所）的______（总体样本）的______（自变量）和______（因变量）的______（陈述、比较）的方式进行的。

这种两阶段、顺序型混合研究将从一样本中获得统计、定量分析结果，并针对少数个体，对其研究结果进行更深层次的探讨。在第一阶段，定量研究问题或假设将涉及在____（研究地点）的______（参与者）中，______（自变量）与______（因变量）的______关联或比较。第二阶段中，定性调查或观察将通过研究______（研究地点）中的______（少数个体）的______（主要现象）来探讨有重大意义的______（定量研究结果）。

并行性混合研究的目的是为了通过把定量研究（大量的数值趋势）与定性研究（细节观点）数据相结合，从而更好地理解研究课题。在研究中，______（定量研究方法）将被用于测量______（自变量）与______（因变量）间的关系。同时，将用______（定性的调查或观察）对______（研究地点）的______（参与者）的方式来探讨______（主要现象）。

例5.8　一则混合研究目标陈述——收敛型探究

霍斯勒和维斯珀（Hossler & Vesper，1993）就父母为孩子的中学后教育而进行储蓄的态度对学生和家长进行了研究。在三年的研究中，他们确定了与家长们的积蓄密切相关的因素，并收集了在定量和定性方面的资料。以下是他们所做的目标陈述：

> 在努力对父母储蓄进行解释的基础上，论文对家长的储蓄行为进行了检验，使用一个长达三年的对学生家长纵向多种调查研究获得资料，用数理逻辑回归来识别与家长为孩子中学后的教育进行储蓄有密切关联的因素。另外，在三年期间，通过访谈的形式对一个小型的学生和家长的亚样本进行了5次访谈，所得的深刻见解被用来对家长的储蓄情况进行进一步的考察。

以上内容处于标题为“目标”的章节中，它表明在研究中同时出现了定量数据（如测量）和定性资料（如访谈）。作者不但在三年期间收集各种类型的数据,而且把他们的研究确定为三角互证或收敛法设计。尽管文中并没有提出一个研究的逻辑,但在后面的关于“调查与访谈”的方法讨论中进行了详细的描述。从这里我们将发现:“访谈可对调查中的变量作更为详细的探究,并运用定性和定量资料进行三角互证。”(Hossler & Vesper,1993, p. 146)

例 5.9　一则混合研究目标陈述——顺序型探究

阿索格等人(Arsorge, Creswell, Swidler & Gutmann,2001)对课堂中学生使用便携电脑的情况进行了研究。这些便携式电脑能让学生们在自己的课桌上工作学习,并能直接进入教师推荐的网站。其目标陈述如下:

> 这则顺序型混合研究的目的在于:首先通过实地考察和面对面访谈的方法,对三个有教师授课的课堂中学生使用便携电脑的情况进行探讨并引出主题。第二阶段,根据这些主题的基础形成一种研究工具,并用于对小规模使用便携式电脑的学生进行调查。混合运用定性和定量研究数据的依据在于:只有对学生便携式电脑的使用情况做出初步定性研究后,才能对学生此方面的体验做出有效的定量研究。

在该例中,首先使用了提示性的词语“……的目的在于”,接着提到了混合研究设计的类型并包含了起初的定性研究阶段与接下来的定量研究阶段的基本要素。它包含了定性与定量资料的收集,并且以顺序设计中两种类型资料融合的逻辑结束。

小　结

本章强调了在一项学术研究中目标陈述的重要性。由于其提出了研究的中心思想,因此它在一个研究方案或课题中是最重要的陈述。在定性目标陈述的写作过程中,研究人员要确定一个主要现象,并为它做一个初步定义。此外,研究者还借用了行为动词,如“发现”、“形成”或“理解”。在此过程中,需使用中性语言,并告之研究的策略、参与者、研究场所。在定量目标陈述中,除了变量和变量间的关联及比较外,研究者也要提出被检测的理论。首先安排自变量,而后再安排因变量是十分重要的。除了参与者和研究场所外,研究者还要指出研究的策略。在某些目标陈述中,研究者还要定义研究中所要用到的关键变量。在混合研究中,除了各类方法间的逻辑依据外(如资料是并行收集的,还是按先后顺序收集的),还要提及方法的类型。好的定性和定量研究目标陈述所应具备的基本要素都应包含在混合研究的目标陈述中。

写作练习

1. 填充定性研究目标陈述“脚本”的空白。要求：尽量简洁，篇幅不超过一页纸的3/4。

2. 依据定量目标陈述的“脚本”写作一个目标陈述。要求：尽量简洁，篇幅不超过一页纸的3/4。

3. 依据混合研究目标陈述的“脚本”写作一个目标陈述。要求：写出混合定量与定性研究资料的逻辑依据，同时注意具备一个优秀的定量与定性研究目标陈述所应具备的基本要素。

阅读推荐

- Greswell, J. W. (2002). *Educational research: Planning, conducting, and evaluating quantitative and qualitative research.* Upper Saddle River, NJ: Nerrill/Pearson.

  在这本方法书中，我在其中一章里专门安排了一节的内容来写作目标陈述，其中包括了一个适用于定量法与定性法目标陈述的“脚本”。为了说明各种定量变量的类型，在探讨的过程中我提出了变量“族(family)”的概念框架，该书还提供了选自教育学文献中关于定量目标陈述与定性目标陈述的几则例文以供参考。

- Marshall, C., & Rossman, G. B. (1999). *Designing qualitative research* (3rd ed.). Thousand Oaks, CA: Sage.

马歇尔和罗斯曼声称“研究目标”是研究中要注意的主要内容。在相关的一节中都是在深入讨论这个主题，其中有一两个句子强调了这点，它告诉读者此研究要达到什么结果，作者把研究目标表述为是具有探究性的(exploratory)、解释性的(explanatory)、描绘性的(descriptive)、革新性的(emanicipatory)。他们也提及了包括分析单元[如个体、并向量(clyads)、组群等]的目标陈述。

- Wilkinson, A. M. (1991). *The scientist' s handbook for writing papers and dissertations.* Englewood Cliffs, NJ:Prentice Hall.

威尔金森把目标陈述称为研究中的“直接目标(immediate objective)”，她具体陈述了这种“目标”是为了回答研究中的问题的。另外，一个研究目标在导言中就需要提出来，尽管它们可能作为主题隐含在研究、论文或方法中。如果陈述清晰，那么在导言的结尾处一般能找到这个“目标”。当然它也可能出现在开头或中间部分，视其导言结构而定。

第 6 章　研究问题和假设

为了使读者对整个研究计划一目了然，研究者们在其研究里列出了诸多要点。第一个要点即目标陈述，它确立了研究的中心方向。通过明确、概括的目标陈述，研究者把研究范围收缩、集中在那些有待回答或预测的具体问题（或称之为假设）中。本章提出了第二个要点——研究的问题或假设。其讨论首先从设计定性研究问题的几个原则开始，接着是定量研究的问题、研究目的和假设，最后是混合研究的问题。

定性研究的问题

在定性研究里,研究者陈述需要研究的问题而不是目的(即研究的具体目标)或者假设(即对变量和统计测试的预测)。这些研究问题有两种形式:一个中心问题及若干相关辅助问题。

中心问题是指对课题中要考察的问题的最基本形式的表述。为了避免研究受限,研究者提出与定性研究方法论相匹配的研究问题作为基本的问题。也许有人会问:"在研究中,哪些问题可以被称之为最基本的问题?"定量研究方法的初学者可能会对这样的方法感到不习惯,因为他们更习惯于相反的逻辑:提出具体的问题或假设。以下是常规性研究问题撰写准则:

- 我建议研究者可提出 1 ~ 2 个中心问题,后附最多 5 ~ 7 个辅助问题。几个辅助问题围绕一个中心问题展开,这种方式可以帮助研究者缩小研究范围,但却给问题提出者留下了较广阔的空间。这种小切口的研究方法在迈尔斯和休伯曼(Miles & Huberman,1994)的著述中有所体现,他们建议研究者最多列举 12 个研究问题。这些问题依次成为访谈、观察、文献和档案材料编写中都需要深入探讨的主题。比如,它们可以作为在观察过程或开放式访谈中研究者自我询问的一些主要问题。
- 将中心问题与具体的定性研究策略相结合。例如,民族志研究问题在这一设计环节上就与其他的定性研究策略存在差异。在民族志研究里,斯普拉德利(Spradley,1980)提出了民族志问题分类学,它包括迷你旅行(mini-tour)、经验、土著语、对比及实证问题。与此类似,在批判性民族志研究里,研究的问题应基于现有文献。这些问题与其说是将要被证的"事实"还不如说是"工作的航线"(Thomas,1993,p. 35)。相反,在现象学研究里,研究问题可能在一个较为宽泛的层面上展开,而又没有现成文献可利用或者无法按现有的种类来划分。例如:"一位与其将要死于癌症的年仅十多岁的孩子生活在一起的母亲的状态会是什么样子?"(Nieswiadomy,1993,p. 151)在扎根理论研究里,研究问题可能与数据分析程序有关,比如开放型编码(open coding,"护理人员与病人之间呈现的互动是什么类型?")或主轴编码(axial coding,"护理与护士的行为是如何相关?")。
- 用"是什么"和"怎么样"来提出研究问题,以此来传达开放的、新的设计思路。用"为什么"来提出暗示着因果关系的问题。这种设问方法与定量研究的方法一致。

- 集中于单个的现象或者概念。
- 使用“探索性”动词以表达新研究设计的语言风格。这些动词让读者了解本研究将:

  ——发现(如扎根理论研究)

  ——寻求理解(如民族志研究)

  ——探究一种方法(如个案研究)

  ——描述经验(如现象学研究)

  ——讲述故事(如叙事研究)
- 使用非定向语言。删去会误导为定量研究的词语,例如“作用”、“影响”、“效果”、“决定因素”、“原因”和“相关”等。
- 保持研究的问题在研究期间的发展变化与定性研究的假设风格一致。通常,在定性研究中,研究的问题都是在不断的检视和重构之中(如扎根理论研究)。这种方式往往让那些习惯于定量研究方法设计的人产生质疑,因为在他们的研究中,问题自始至终保持着不变的状态。
- 除非是定性研究策略的需要,应尽量使用没有参考文献或理论的开放式问题。
- 如果目标陈述的信息并不冗长,则对研究的场所和参与者予以具体描述。

以下是基于不同研究策略的定性研究问题示例。

例 6.1 民族志定性研究的中心问题

芬德尔斯(Finders,1996)使用民族志研究程序去收集欧裔美籍中产阶级家庭背景中,7 年级女生对青少年杂志的阅读情况的资料。研究者可以通过她们对青少年杂志的阅读情况,得出这些女学生在进入高年级学习时,是如何进行社会角色认知(perceive)和定位(construct)的。她在研究中提出了一个引导性的中心问题:

青春早期的女孩们是怎样阅读非小说类的文艺作品的(Finders,1996,p. 72)?

这个研究的中心问题以“怎样”开始,使用了开放式的动词“阅读”,集中于单个概念“文艺作品”或青少年杂志,并且指明了被试——青春期女孩儿。请注意作者是如何设计这个简单明了且研究所必须回答的问题的。

例6.2 一个个案研究的中心问题

帕杜拉和米勒(Padula & Miller,1999)进行了一项多个案(a multiple case)研究,案例描述了在一所中西部研究型大学里,那些主修心理学博士课程的女士,在停学一段时间后重返学校的经历。研究的目的是想获取这些妇女的经历资料,提供给那些女权主义者和女权主义研究者。作者对此研究提出了三个中心问题:

①主修心理学博士课程的女士怎样讲述她们重返学校的决定?②她们怎样描述其复学经历?③返回研究生院后的学习怎样改变了她们的生活(Padula & Miller,1999,p.328)?

这三个中心问题都以“怎样”来提出,包括了“讲述”这样的开放式动词,并且它们集中在博士经历的三个阶段:返学决定、复学、改变。它们也提到了参与者——在中西部研究型大学里主修博士课程的妇女。

定量研究的问题和假设

在定量研究中,研究者根据研究的问题和假设来形成和确定研究的目标。研究的问题是研究者表示质疑的陈述或试图寻求回答的问题,它们经常用于社会科学研究尤其是调查研究。另一方面,假设是研究者对变量之间关系的一种预设,它们是一种以来自样本的数据为基础的关于总体数值的估计。通过运用统计步骤对假设进行检测,研究者根据对样本的研究得出关于总体的推论。假设最典型地使用于实验中各实验组之间的对比。研究指导者经常推荐在正式研究,如学位论文或主题论文方案中使用假设,以作为陈述研究方向之用。另一方面,被试则表明了研究的具体目标或目的。这在社会科学研究领域倒不经常使用。因此,这里主要讨论研究问题和假设。

就如何写好定量研究的问题和假设,我提出以下一些建议:

- 研究问题或者假设中变量的使用通常局限于三种基本形式:其一,研究者可能比较只有一项自变量的变量组以弄清它对因变量的影响;其二,研究者可能把一项或更多项自变量和因变量联系起来;其三,研究者可能描述自变量、中介变量和因变量的变化。
- 严格的定量分析要遵循一定的测量理论(参阅第7章),并对理论中所包含的问题与假设进行具体说明。

- 自变量和因变量必须分别测量。这个过程加强了定量分析的因果逻辑关系。
- 删除冗余,除非假设是建立在研究问题之上(像以下所讨论的那样),否则只写出研究的问题或者假设,而不必两个都写。可选择传统形式,或按研究顾问或学术委员会推荐的形式,或按已有的研究对结果提出预设的形式。
- 如果使用假设,则有两种形式:零假设(null hypotheses)和备择假设(alternative hypotheses)。零假设是陈述假设的传统方法。它假设一项研究的群组中,变量之间没有任何差别和关系,以“没有差别(或者关系)”这样的字句来表示。以下是零假设的例子。

例 6.3 零假设

对患有抑郁症的孩子的矫治研究者可以检验三种强化方式:口头暗示、奖励和非强化。然后,研究者收集对这些孩子的行为测量数据,这些数据是从对这些孩子与他们的兄弟姐妹进行社会交往的评估得来的。零假设可能表现为如下陈述:

> 口头暗示、奖励和非强化等因素在对患有抑郁症的孩子与他们的兄弟姐妹进行社会交往方面,无显著差异。

- 假设的第二种形式,是我们在期刊杂志上经常看到的备择假设。研究者往往为研究假设预设结果,这个假设常常基于先前的文献和研究中,研究者们对可能性结果的预设。备择假设又分为定向假设(directional hypotheses)和非定向假设(nondirectional hypotheses)两种类型。首先是定向假设,它对结果做出了相关的假设(例如,更高、更多改变)。例如,研究者可能基于自变量而假设“A 组的得分将高于 B 组”,或者基于预测的结果假设“A 组的改变多于 B 组”。另一类备择假设则是非定向假设。这类假设虽然也对结果做相关预设,但是没有确切说明其中的差别(例如:更高、更低、更多或更少),因为研究者无法从过去的文献中得出确定的假设。因此,研究者可能只是写明两组之间“是有差别的”,但是差别何在,没有进一步说明。下面给出定向假设和非定向假设的例子。

例 6.4　定向假设

马什卡雷尼亚什(Mascarenhas,1989)对海岸矿物钻井工业公司所有权(如国有、上市和私人)类型之间的差别进行研究,特别研究了像国内市场优势、国际市场现状和客户等方面存在的差别。该研究是一项使用类似实验程序的实地控制方法来进行考察研究的。

假设 1:上市公司与私人控股公司相比将有更高的增长率。

假设 2:上市企业与国有公司和私人控股公司相比有更大的国际机会。

假设 3:国有公司与上市公司和私人控股公司相比将占有更大的国内市场份额。

假设 4:上市公司与国有公司和私人控股公司相比将有更大的生产线。

假设 5:国有公司更可能拥有海外国有企业客户。

假设 6:国有公司与私人控股公司相比将拥有更稳定的客户基础。

假设 7:在不可预见因素方面,上市公司与国有公司和私人控股公司相比将运用更多的先进技术(Mascarenhas,1989,pp. 585-588)。

例 6.5　非定向和定向假设

定向假设有时也用来测量变量之间的关系而不是对比组之间的相互关系。例如,穆尔(Moore,2000)研究以色列社会里,犹太妇女和阿拉伯妇女中信教与不信教者的性别特征的含义。在对犹太妇女和阿拉伯妇女进行全国性抽样调查时,作者提出了三个研究假设。第一个假设是非定向的,后两个是定向的。

假设 1:信教与不信教的犹太妇女和阿拉伯妇女的性别特征与其信奉的不同价值系统的社会政治秩序有关。

假设 2:性别特征都比较明显的信教妇女与不信教的妇女相比,前者参与社会政治活动的积极性小于后者。

假设 3:性别特征、宗教虔诚和社会行为三者之间的关系,在阿拉伯妇女身上的体现要比犹太人妇女的弱。

- 除非研究者特意使用人口统计变量(demographic variables)作为预设,否则应使用非人口统计变量(即测量态度或行为)而不是使用个体人口统计作为自变量。因为定量研究试图证实一个理论,而人口统计变量(如年龄、收入水平、教育水平等)通常是作为中介变量或者控制变量而不是作为自变量来使用。

- 问题或者假设所使用的语言形式要前后一致从而使读者容易识别主要变量。因此研究者有必要重复关键词,或者在研究一开始的时候就给出自变量和因变量(第5章的研究目标陈述里也提到过这样的做法)。以下是一个因变量的描述中语言使用顺序示例。

例6.6 假设的标准语言运用

1. 对私立女子学院的学生来说,她们是否继续其学业与学校是否给予辅助支持没有关系。

2. 对私立老年学院的妇女来说,她们是否继续其学业与家庭是否给予辅助支持没有关系。

3. 对私立学院的妇女来说,学校和家庭两者所给予的辅助支持,对她们是否继续其学业所起的作用没有什么区别。

描述性问题和假设的模型

让我们考虑一下建立于描述性问题写作基础之上的问题或假设的写作模式,为后继的推理问题或假设进行铺垫。这些问题或假设包括自变量和因变量。在这个写作模型里,研究者规定了研究过程中各个自变量和因变量(以及重要的控制变量或者中介变量)的描述性问题,紧跟其后的就是与之相关的推理性问题(或者假设),最后根据情况在控制变量里增加推理性问题和假设。

例6.7 描述性和推理性问题

为了说明这种方法,假设某个研究者想弄清一个大都市校区理科班八年级学生的批判性思维能力(可用工具测量的自变量)与学生所取得的成绩之间的关系(因变量以等级测量)。而且,研究者还掌握了有关这个班级学生的先前成绩和他们父母学历方面的情况,并把这两者作为控制变量。遵循以上提出的模型,研究问题可以撰写如下:

描述性问题

1. 具有批判性思维能力的学生所占的比率是多少(自变量的描述性问题)?

2. 理科班级的学生成绩水平(或等级)怎样(因变量的描述性问题)?

3. 理科班级学生先前的学习成绩怎样(先前成绩这一控制变量的描述性问题)?

4. 八年级学生的父母学历怎样(父母学历,另一控制变量的描述性问题)?

推理性问题

5. 批判性思维能力与学生所取得的成绩有关吗(自变量和因变量关系的推理性问题)?

6. 批判性思维能力与学生所取得的成绩之间的关系受学生先前的学习成绩和其父母学历的影响吗(自变量和因变量受控制变量影响的推理性问题)?

该例子说明了怎样以描述性或推理性的设问方式来组织所有的研究问题。在其他的例子里,研究者也许会对组群进行比较,并且可能根据这种“比较”改变推理性问题所使用的语言。在其他研究的写作模型里,可能有更多的自变量和因变量被测试,因此与之相关的描写性和推理性问题也会更多。我推荐使用以上这个描述—推理性模式。

这个例子也说明了描述变量之间关系的情况。首先要在问题里指定自变量,其次是因变量,最后是控制变量。把总体统计数据而不是主要变量当做问题的控制变量,并且读者需要假设这一问题源自理论模型。

混合研究的问题和假设

混合研究的问题(或者假设)在写研究问题时相对较难,因为能够参考的相关文献很少(Creswell,1999)。文献的作者们喜欢对他们的研究进行目标陈述,而不是明确研究问题。因此,缺乏一个完整的模型可以作为写作混合研究问题的指南。然而,通过对大量这类研究的考察,还是能够找到指导这类研究问题设计的种种特征的。

- 混合研究应包括定性和定量研究问题(或者假设),以此来窄化并聚焦于目标陈述。
- 混合研究中的问题和假设的提出,需要包含定量和定性方法里的问题和假设的可取之处。
- 在一个连续的有两个阶段的研究计划里,尤其是第二个阶段的研究需要以第一个阶段的研究为基础的情况下,研究者很难用提出计划或制订方案来确定第二个阶段的研究问题。等到研究者完成整个研究,他才能在结题报告里说明两个阶段分别要研究的问题。然而,在一个单独的研究计划里,研究者有可能确定研究方案里的定性、定量研究问题,因为这组问题的设计不一定与另一组的问题相关。

- 应该注意研究问题或假设的顺序问题。在有两个研究阶段的研究计划里,两个研究阶段所提的问题要有先后顺序性,以便读者能够在研究计划中看到问题的顺序。然而,在单阶段的研究方案里,问题的顺序可以由研究设计所用方法的重要性来决定。
- 在连续的混合研究里,每个阶段开始提出的研究问题是有阶段性变化的。例如,假定研究是以定量研究开始,研究者可能会提出假设。当到了定性研究阶段时,定性研究的问题就会随之出现。

例 6.8　混合研究里的假设和研究问题

霍茨(Houtz,1995)以一个两阶段研究为例来说明每个阶段里的研究问题和假设。她的课题研究了非传统初中和传统初中在七、八年级的教学策略在他们对待理科的态度上,以及他们的理科成绩上存在的差异。研究的第一阶段对学生对待理科的态度用量表进行了前测和后测,并用考试成绩来表示他们所取得的理科成就。霍茨随后根据以上所得的定量研究结果来进行第二阶段的定性研究:采访该学科的任课老师、学校校长和顾问人员。该阶段的研究结果有助于解释第一阶段定量研究所得出的两种不同知识教授策略所取得的教学成果之间的差异性和相似性。

在第一阶段的定量研究里,霍茨提出了以下假设来引导她的研究:

> 假设一:假定在这两种知识教授策略类型不同的中学里,学生对待理科的态度没有显著的差异。
> 假设二:假定在这两种不同类型的中学里,学生的理科成绩没有显著的差异(Houtz,1995,p.630)。

研究者在研究的开始就提出了以上假设,并将其作为定量研究阶段的导言。先于定性研究阶段,作者在这里提出问题以证实定量研究的结果。为此,作者采访了任课老师、校长以及大学顾问,就成绩测验结果问了三个问题:

> 问题一:这两个教授方法不同的中学,在教授方法的转变上有什么不同?问题二:这种转变在先前怎样影响学生对待理科的态度以及他们的理科成绩的? 问题三:老师们对这种变化的看法如何(Houtz,1995,p.630)?

考察该项混合法研究可以看到,作者使用了定量和定性研究问题,在每个研究阶段的开始就细化了问题本身,并且利用可借鉴的因素去写作定量研究假设和定性研究问题。

小 结

研究问题和假设明确研究目标,并使读者对研究的要点一目了然。定性研究者至少要设计一个中心问题和几个附属问题;他们以“怎么样”和“是什么”的形式提出这些问题,并使用探索性词汇如“探索”或“描述”;他们设置开放式问题,从而使被试能不受限制地表达他们的思想;他们在研究的初始阶段集中于一个感兴趣的中心现象;这些问题会指出参与者和研究场所。

定量研究者要写出每一个研究问题或假设。这些问题或假设中的变量被描述、分类到各组中以用于对照,或作为自变量和因变量来分别测量。在很多定量研究方案里,作者使用研究问题,然而,一个更正式的研究陈述则需要使用假设。这些假设可能预示着研究的结果,它们以选择性假设的形式来提出,以加强其所预示结果的恰当性(如表述某个东西时用更多或者更少,更高或者更低);这些假设也可能用零假设的形式来表明因变量组之间没有什么区别和联系。在研究问题和假设里,研究者通常先写自变量,然后是因变量。在定量研究方案里,问题的排列顺序通常按照这样的模式,首先以描述性的问题开始,然后是含有相关变量或组群比较的推理性问题。

混合研究问题应包含定量、定性研究问题里的要点。在一个混合研究方案里,由于是在第一个研究阶段问题的基础上考虑和设计第二个研究阶段的问题,所以第二个研究阶段的问题在整个研究一开始的时候难以确定。通常,在使用定量、定性问题的研究里,其顺序决定了某个研究问题的优先性。定量研究和定性研究在研究过程中所占的比重,也决定了问题的顺序。最后,在混合研究里有一个模型,那就是在开始每一个研究阶段时提出阶段性研究问题,而不是在整个研究的开始部分就提出所有的问题。

写作练习

1. 为一个定性研究写出 1 或 2 个中心问题,5 ~ 7 个附属问题。

2. 为一定量研究写出两组研究问题。第一组要写出关于自变量和因变量的描述性问题。第二组要写出自变量与因变量之间的关系(或比较)。按本章所提供的模式把描述性问题和推理性问题结合起来。

3. 写出两个相连续的研究阶段的混合研究方案的研究问题。要包括定性研究问题和定量研究问题中有可取之处的问题。

4. 回到草稿的标题。重新确定研究的标题以反映出定性或定量研究方法。写一个定性研究标题,要考虑到本书第 2 章的建议并确定已包含了中心现象。用表述问题那样的书面语形式。写一个定量研究标题,包含主要的自变量和因变量,用连词“和”将它们联系起来。整理从自变量到因变量的变量顺序以使它们与目标陈述和研究问题或假设相一致。

阅读推荐

- Creswell, J. W. (1999). Mixed-method research: Introduction and application. In G. J. Cizek (ED.), *Handbook of educational policy* (pp. 455-472). San Diego: Academic press.

在该章,我讨论了设计一项混合研究的 9 个步骤。它们是:

1. 确定研究该问题是否需要混合研究;
2. 考虑该混合研究是否可行;
3. 写出定性、定量研究问题;
4. 讨论和确定数据收集的类型;
5. 评估每种方法在研究中的相对重要性及其补充策略;
6. 给出可视模型;
7. 决定如何分析数据;
8. 评估研究的评价标准;
9. 形成研究计划。

在提出研究问题的时候,我建议使用定性研究与定量研究两种方式,并在问题中陈述清楚本研究将要用到的定性研究的策略类型。

- Morse, J. M. (1994). Designing runded qualitative research. In N. K. Denzin & Y. S. Lincon (EDs.), *Handbook of qualitative research* (pp. 220-235). Thousand Oaks, CA: Sage.

莫尔斯,一个护理工作研究者,鉴别和描述了定性研究方案的主要设计问题。她比较了几种研究策略,并描绘了每一研究策略所要用到的研究问题类型。在现象学和民族志研究里,强调研究的意义和描述性问题。在扎根理论研究里,需要提出“过程性”的问题,而在民族志方法论和论文分析里,其研究问题涉及口头交流和对话。她指出研究问题的表述决定了研究的重点和范围。

- Tuckman, B. W. (1999). *Conducting educational research* (5th ed.). Fort Worth, TX: Harcourt Brace College Publishers.

布鲁斯·图克曼用整章讨论了假设的处理。他指出了理论演绎和观察归纳的假设来源,并进一步界定和说明了备择假设、零假设以及引导读者理解假设的步骤。

第 7 章　理论运用

在定量研究中,研究者常常基于要验证的理论来确定假设和问题,而在定性研究中,其理论运用显得更加多样化。因此,本章介绍研究设计的理论运用,因为定量分析正是借用这些理论来解释其研究问题和假设中的变量的。一项定量研究中,研究者要在研究方案中花很大的篇幅来陈述该研究所依据的理论。相对而言,在某些定性研究里,研究者可能在研究中逐渐形成某种理论并把它放在研究的最后阶段,如扎根理论。而在另外一些定性研究里,研究者从一开始就提出研究所依据的理论,并且用它引导整个研究,这些理论决定着研究过程中的研究问题,如民族志研究或辩护式研究。在混合研究中,研究者既要提出理论还要验证理论。还可以包含理论透析,如聚焦于女权主义、种族或阶层问题来引导整个研究。

本章首先介绍了定量研究中的理论运用。在这一部分里,讨论了理论的定义,理论在定量研究中的位置,以及撰写研究计划时可能涉及的变体形式。接下来提出了鉴别理论的步骤和定量研究方案的"理论视角"的"脚本"部分。然后,讨论了定性研究中理论运用的问题。在定性研究里,研究者会使用诸如理论、模式和本质概括等不同的术语来描述其研究中获得的认识。这些认识有时出现在研究的开头,有时出现在研究的结尾。最后,本章介绍了混合研究中的理论运用,以及最近在文献研究中用到的研究策略类型——转换策略的理论运用。

定量研究中的理论运用

理论的定义

在定量研究里,有一些研究将理论视为一种科学的预测与解释(就不同的理论概括及它们将如何控制思想而言,G. Tomas,1997),如克林格尔(Kerlinger,1979)对理论的定义至今仍是有效的:理论是"一套相互联系的概念(变量)、定义和命题,它们通过澄清变量间的关系而形成有关现象的系统性观点,从而解释自然现象"(p. 64)。

在这个定义里,理论被看做是形成命题或者假设的一套相互联系的概念(或变量),它们说明了变量间的关系(通常就量值或者趋势而言),其系统性观点可能就是一个论点(argument),一个论述(discussion)或者一个基本原理(rationale),它有助于解释(或预测)所发生的现象。拉博维茨和哈格道恩(Labovitz & Hagedorn,1971)把"理论基本原理(theoretical rationale)"这一理念纳入了定义中,即"变量和基本原理解释为什么是相关及是如何相关的"(p. 17)。为什么自变量 X 会影响因变量 Y? 理论应当对预期或预测提供解释。于是,这个关于理论的讨论将在题为"理论—基础","理论基本原理",或者"理论视角(theoritical perspective)"的研究方案部分提出。我建议使用"理论视角"作为专用术语,这是在美国教育研究协会会议上发表论文时经常使用到的术语。

借用"彩虹"的比喻有助于形象地理解一个理论发生作用的机制。假设在一项研究中,"彩虹"是连接自变量和因变量(或概念)之间的桥梁,那么它就将变量牢固地联系了起来,并对为什么自变量能解释或预测因变量,或怎么样让自变量解释或预测因变量提供了一个"拱型(overarching)"解释。

当研究者多次检验某个预测时,理论便得以发展。调查者把基于不同测量方式的自变量、中介变量和因变量整合成假设或研究问题。这些假设或问题给出了关系的类型(肯定、否定,或者未知)及其量值方面的信息(如高或低)。例如,有这样一个假设:"领导的中心权力越大,其对下属的权力剥夺也就越大。"当研究者在不同背景下和不同群体(例如童子军、长老会教友、俱乐部成员以及一个中学生团体)里反复验证诸如此类的假设时,相应的理论就会逐渐形成并被赋予名称(如归因理论)。这样,在某些特定领域里,理论便得以形成并促进了知识的发展(G. Thomas,1997)。

另一方面，按应用范围划分，有不同层次的理论。纽曼（Neuman，2000）在三个层次上区分它们，分别是微观、中观和宏观。微观理论仅在以下方面提供解释：时间段、空间或人群，例如戈夫曼（Goffman）的"面对面交往（face work）"理论，解释了在面对面的交往中，人们是如何遵循一定礼仪的。中观理论则连结微观理论和宏观理论，它是有关组织、社会运动或者社区的理论，如科林斯（Collins）的组织控制理论。而宏观理论则解释更高层面的体系，例如社会团体、文化系统和整个社会。例如，任斯基（Lenski）的社会阶层宏观理论，解释了随着社会的发展，剩余社会产品是如何增加的。

在社会科学中的心理学、社会学、人类学、教育学、经济学以及相应的边缘学科中，理论随处可见，要找到并熟知这些理论，需要搜索文献数据库［例如《心理学摘要》（*Psychology Abstracts*）、《社会学文摘》（*Sociology Abstracts*）］或者理论文献的查阅指南（Webb，Beals，&White，1986）。

理论的形式

研究者以多种方式来陈述他们的理论，例如用一连串的假设："如果……就……"的逻辑陈述或可视模型来表述。首先，研究者用相互联系的假设形式来陈述理论。例如，霍普金斯（Hopkins，1964）就用 15 个系列假设（对假设所涉及的研究对象不给出具体姓名而代之以相应的人称代词）来阐述他的影响程序理论（theory of influence processes）。以小组的任意成员为例，其假设如下：

1. 如果她的排名越靠前，她的向心力（centra lity）就越大。
2. 如果他的向心力越大，他的知名度（observability）就越高。
3. 如果她的排名越靠前，她的知名度就越高。
4. 如果他的向心力越大，人们对他的顺从感就越强。
5. 如果她的排名越靠前，人们对她的顺从感就越强。
6. 如果他的知名度越高，人们对他的顺从感就越强。
7. 如果人们对她的顺从感越强，她的知名度就越高（p. 51）。

第二种形式是一系列"如果……就……"的陈述句式，用于解释为什么自变量影响或导向因变量是可以预料的。例如霍曼斯（Homans，1950）的互动理论：

> 如果两个或更多人之间的互动频率增加，那么他们对彼此的好感度就会增加，反之亦然。因为感到彼此喜欢的人会通过一系列外部系统的活动来表达他们对对方的好感，而这些行动反过来又会增强这种

感情。因此,人们之间的相互交往越频繁,他们之间的认同感就越高,
并且人们之间相互尊重的程度就越高(pp. 112,118,120)。

第三种形式是可视模型(visual model)。用视觉图形的形式来表示变量之间的关系是非常有效的方法之一。布莱洛克(Blalock,1969,1985,1991)就倡导因果模型(causal modeling)的形式,主张把口头理论改写成为可视的因果模型,以便读者能更形象、直观地把握变量间的关系。

这里呈现的是有关理论研究形式的两个简单例子。如图 7.1 所示,三项自变量通过两项中介变量影响一项因变量。建立这样一张图表,标出变量间可能存在的因果关系,运用多种结构方程模型的变量测量手段进行分析,以使上述的因果关系模型化,从而也使得分析更加形象和透彻(Kline,1998)。从入门的角度来看,邓肯(Duncan,1985)对建立这些可视的因果图表提供了很好的建议。

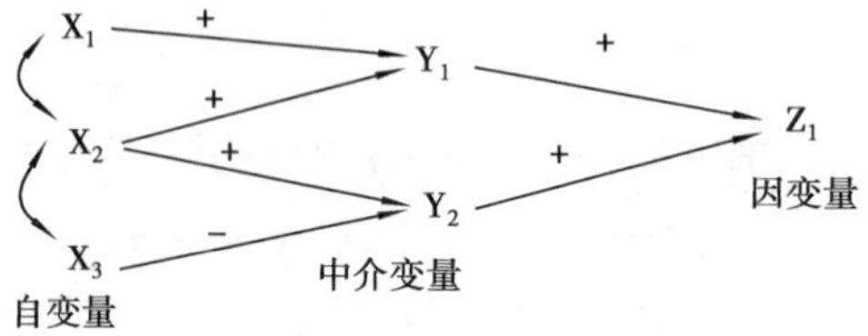

图 7.1 三项自变量通过两项中介变量来影响一项因变量

- 分别在图表的左右两边标上自变量和因变量。
- 用单向箭头将自变量与因变量连结起来。
- 在线上插入价标来表明变量间的关系。使用正或负来表示假定或推断关系。
- 用双箭头连线表明自变量之间的非分析关系(unanalyzed relationships)。

虽然更复杂的因果图表需要更多的标志来构成,但这个模型给出了一个有限变量的基本模型,这种模型是调查研究课题里经常使用的经典模型。

要使上述模型有所变化,则需要两个自变量,其中一项变量受其控制变量组和实验变量组(这两组变量同时相互比较)的影响,另一项变量则不受其影响,它仅仅测试某个属性或者特性。如图 7.2所示,变量 X_1 有两个对比组:X_a和 X_b,它与变量 X_2(控制变量)一起影响因变量 Y_1。此设计是组之间的实验设计,有关第一个例子的入门建议也同样适用于此种设计。

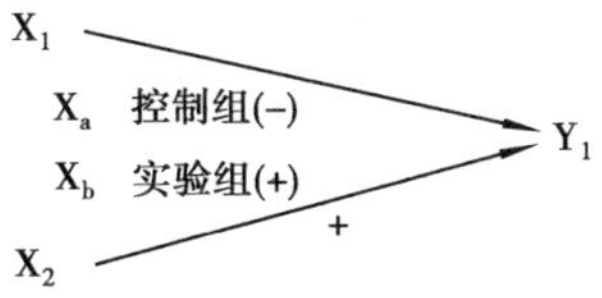

图 7.2 对 X_1 的两组不同的处理与 X_2 对 Y_1 的控制作比较

以上两个可视模型只说明通过连结自变量和因变量去建构理论的可能性。在更严密精确的因果可视模型里,其设计的复杂性涉及要用到大量的自变量和因变量(Blalock,1969,1985)。例如,琼格尼克尔(Jungnickel,1990)在一篇关于药剂学校成员学术研究能力的博士论文研究方案里,提出了一个复杂的可视模型,如图 7.3 所示,琼格尼克尔研究哪些因素影响了成员的学术研究能力。从以往文献中确定了这些因素后,他采用了护理研究(Megel,Langston,& Creswell,1988)所采用的理论框架并且完善了描绘这些因素间关系的可视模型。此模型

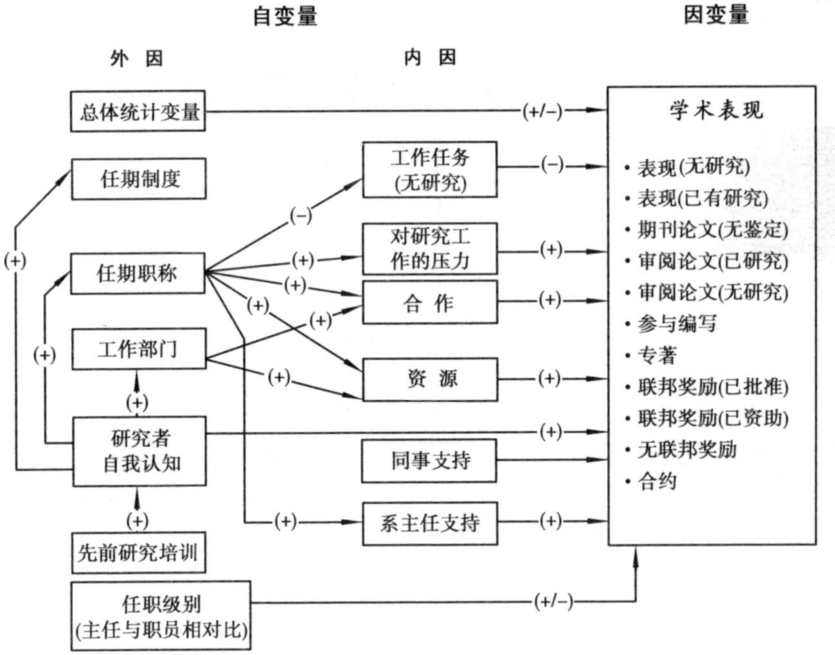

图 7.3 教职员学术水平的可视模型

来源:P. W. Jungnickel(1990),*Workplace Correlates and Scholarly Performance of Pharmacy Clinical Faculty Members*,University of Nebraska-Lincoln. 未公开,经许可使用。

遵循了前面已介绍的建立可视模型的原则,他分别在图表的左中右位置列举自变量、中介变量和因变量,并标示出变量间相互影响的方向是从左到右,并使用“+”和“-”来标明假设的方向。

定量研究中理论的位置

在定量研究里,研究者可能在研究的开始阶段就采取理论演绎的方式。出于测试或者证实理论的想法,而非完善一个理论的目的,研究者提出该理论,收集数据测试它,并通过测试的结果来证实或证伪该理论。理论成为了整个研究的框架,是设计研究问题或假设以及进行数据收集的组织模型,这个演绎模型的设计思路如图7.4所示。研究者通过检查源于理论的假设或问题来测试或验证该理论,而这些假设或问题中包含了研究者需要给出定义的诸多变量(或概念)。或者,从以往的文献中也可找到一个可接受的定义,由此,研究者确立了一个工具以观察和测量研究中参与者的态度或行为。最后,研究者利用这个工具收集到的记录来证实或证伪该理论。

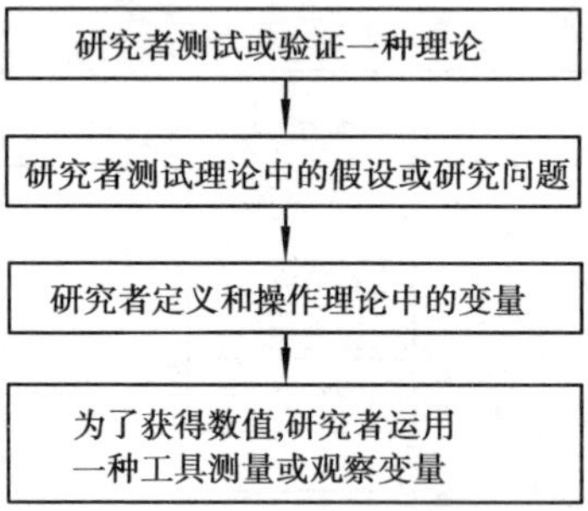

图7.4 定量研究中的演绎法

定量分析中的演绎研究法已暗含了理论在定量研究方案里的位置(参阅表7.1),其一般原则是在研究计划或方案中较早地介绍理论。这表明理论可以被置入研究方案的导言、文献综述以及假设和研究问题(作为变量间关系的基本原理)等部分,或者理论以独立的章节出现。每一种位置都有它各自的优缺点。

我喜欢以独立的章节来讨论理论,这样便于读者把它与研究过程的其他要素明确地区分开来。这个独立的章节将对理论部分的作用以及它怎样与研究相联系提供全面而明确的解释。

表7.1 定量研究中理论位置的各种选择

位 置	优 点	缺 点
在导言中	期刊文章中常用且读者比较熟悉的方法,是一种演绎法	读者难于把理论基础与研究过程的其他构成要素相区分
在文献综述中	理论常见于文献中,是文献综述的逻辑延伸或文献的一部分	读者难于从学术性的文献综述中识别出该理论
在假设或研究问题之后	理论的讨论是假设或者研究问题的逻辑延伸,它解释了变量"为什么"和是"怎么样"相互联系的	研究者可能在提出假设和问题之后总结出理论基本原理,但却忽略了对其起源和运用的深入讨论
独立的章节	这种方法清楚地将理论从研究过程的其他构成要素中分离出来,读者能够更好地识别和理解研究的理论基础	由于理论讨论独立于研究过程的其他要素,由此,读者可能不易于将它与研究的其他要素联系起来

撰写定量研究理论视角的模式

运用上述观点,下面可为研究计划提出如下一个撰写定量研究理论视角的模式。假定任务是确定一个解释自变量和因变量关系的理论,那么形成该模式的步骤是:

1. 在基础学科文献中查阅理论。如果变量分析单元是个体,则在心理学文献中查找;如果研究的是群体或组织,则在社会学文献中查找;如果研究的是个体和群体,则在社会心理学文献中查找。当然,来自其他学科的文献理论也可能有用(如研究经济方面的问题,则需从经济学文献当中寻找理论依据)。

2. 在以往的研究中查找相同或相近主题的研究,看作者们使用了什么样的理论?限定理论的数量,并尽量鉴别研究中那些解释中心假设或研究问题的"拱型理论(overarching theory)"。

3. 如前所述,提出那些连结自变量和因变量的"彩虹"问题:自变量为什么会影响因变量?

4. 写出这个理论的草稿。草稿中会用到以下提示语:"我将使用的理论是________(给理论命名)。它形成于________(理论溯源),它用来研究________(确定理论应用的主题)。这个理论表明________(确定理论的命题或假设)。像本研究所运用的那样,在这个理论里,由于________(根据理论的逻辑性给出一个基本原理),所以我希望自变量________(给出自变量)可以影响或者解释因变量________(给出因变量)"。

因此,定量理论研究所要讨论的问题有:可使用的理论,该理论的中心假设或命题,以往该理论的应用情况,该理论与现有研究计划之间存在的联系。下面是克鲁奇费尔德(Crutchfield,1986)提供的例子,可以阐述这个模式。

例 7.1 定量理论部分

克鲁奇费尔德(Crutchfield,1986)写了一篇题为"控制点、人际互信和学术研究"的博士学位论文。通过研究培养教师的过程,她的目的是想确定控制点和人际互信是否会影响学院的学术水平。在该论文的导言部分,"理论视角"独立成一节。以下便是这一节的内容,包括以下要点:

- 计划要使用的理论
- 理论的中心假设
- 理论的使用情况及其适用性
- 使用"如果……就"的逻辑陈述形式来说明变量间的关系

以下完整地引用了该节中的一部分内容,关键的地方我增加了注释,并用黑体字表示。

理论视角

在简洁地表述学院科研能力研究的理论视角时,社会学习理论是一个很好的蓝本。这样做的目的在于实现认知心理学和行为矫正学之间的整合与平衡(Bower & Hilgard, 1981)。这种统一的理论框架主要是"从认知、行为以及环境因素三者及其相互关系来解释人类行为的"(Bandura,1977,p. vii)(**作者确定研究的理论**)。

当社会学习理论应用了强化方法,如塑造原理的时候,就能看到奖励的作用:一方面,传递了对这种行为的认可;另一方面,由于对奖励的期望,使得奖励强化了特定行为的动机;另外,该理论的学习原理尤其强调替代、象征以及自我调节的重要作用(Bandura,1971)。

社会学习理论不仅研究人们在社会环境下的学习,而且试图探讨社会环境是如何影响社会群体特征以及个体人格的形成的。该理论还提出了人格测评的方法(Mischel,1968)和不同教育背景下的个人行为矫正的问题(Bandura,1977;Bower & Hilgared,1981;Rrotter,1954)(**作者描述社会学习理论**)。

社会学习理论基本原理已经深入应用到社会行为的方方面面,如竞争、攻击、性角色、行为偏离以及病态行为(Bandura & Walters, 1963; Bandura, 1977; Mischel, 1968; Miller & Dollard, 1941; Rotter, 1954; Staats, 1975)(**作者描述理论的运用**)。

罗特(Rotter,1954)指出,在理解社会学习理论的时候必须考虑四种重要的变量:行为、期望、强化以及心理情境。他提出了一种行为反应的一般模式,“表述为某种心理状况下发生某种行为的可能性等于对这种行为带来的奖励的期望作用加上这种奖励的价值”(Rotter,1975 ,p. 57)。

这个模式中的期望是指个体认为行为与奖励之间的因果关系发生的可能性的程度。当个体认为某种行为的产生是源于强化作用时,就认为此时的期望是内控制;如果个人把这种行为的产生归因于运气、命运或者其他力量时,此时的期望是外控制。个体对这种因果关系的期望不是绝对不变的,根据个体的经验以及形势的复杂性而有所变化(Rotter,1966)(**作者解释理论里的变量**)。

当社会学习理论应用到对学术的研究时,罗特(Rotter,1954)提出了四类变量,其定义如下:

1. 学术研究是人类所期望的行为或活动。
2. 控制的焦点源于一种期望,即一定的行为是否带来一定的回报。
3. 学术研究的强化来源于学术工作以及和这些回报相关的利益。
4. 教育机构能够给学术研究提供奖励,这是一种心理情境。

根据这些具体的变量,罗特(Rotter,1975)的行为模式就基本定型了:学校里学术研究的可能性依赖于此种研究能够带来回报的期望的作用,加上研究者赋予这些回报的价值。此外,还必须考虑到另一个因素,即人与人之间的相互信任,它与通过某种行为获得的回报的期望有关,这在罗特(Rotter,1967)的报告中提到过。最后,还有其他一些因素,如教育背景、个人经历、职称、任期等都可能与师资培养的学术研究有关,这些因素对其他学科的学术研究也同样产生影响(**作者把概念应用于她的研究**)。

接下来是设计和指引此项研究的基本逻辑。如果教职员相信:①他们在学术方面所付出的努力和汗水将有所回报(即策略控制变量);②他们相信人是有诚信的(人与人之间的相互信任);③学术性活动的报酬是值得的(报酬估价);④报酬在他们的学科或者机构(机构背景)内是力所能及的。那么,他们就会更积极热情地投身于学术科研活动中(pp. 12-16)(**作者以“如果……就……”的逻辑形式将自变量与因变量联系起来**)。

定性研究中的理论运用

定性研究中理论运用的多样化

定性研究者在他们的研究中以多种方式运用理论。首先,把理论作为一个概括性的解释来运用,这一点与定量研究的理论运用很相似。理论对行为和态度作出解释,并且可能完整地涵盖了变量、概念和假设。例如,民族志研究者把文化主题或者“文化体”这一概念运用于定性研究中(Wolcott,1999,p.113)。这些主题可能包括社会控制、语言、稳定性与变化性及血亲或家庭这样的社会组织(参阅沃尔科特1999年有关人类学文化主题的讨论文本)。这些文化主题包含了来自相关文献的有待测试的假设,虽然研究者不称其为理论,但它们为人类学家研究人们的文化共享行为和态度提供了概括性的解释。

其次,定性研究者越来越喜欢运用理论透析或理论视角来引导其研究并提出性别、阶层以及种族(或一些种族联合)等他们所愿意探讨的问题。这方面的例子很容易找到,20世纪80年代,随着定性研究探索范围的扩大,理论透析被广泛运用,这在本书第1章里早已提及。它们为研究者提供了一个透析(甚至是一个理论),据此帮助研究者确定什么是需要探究的重要问题(如边缘群体问题和授权问题)和研究的对象(如妇女、无家可归者和少数民族)。这些理论也指出了研究者在研究中的自我定位问题(如个体的、文化的和历史统一性的偏见或先入为主的研究)以如何记录下需要记录的(如通过与参与者的协作,消除更多的个体边缘化)。在批判性民族志研究方面,研究者用一种理论贯穿的研究。其理论基源可能是解放的(emancipation)或抑制理论(J. Thomas,1993)。罗斯曼和拉里斯(Rossman & Rallis,1998)以寥寥数语阐述了后现代批判性定性研究的理论视角:

> 随着20世纪的结束,当研究行为的客观假设和传统规则面临后现代批判性观点的挑战时,传统社会科学的合法性日渐受到质疑和攻击。攻击的中心是四种相互联系的概念:①研究权限的争议性;②研究报告的个体性,如具有一定种族、性别、阶层及政治取向的个体特点;③种族、阶层和性别特征对于理解经验的重要性;④传统研究已不再关注受压迫人群和边缘人群(p.66)。

与定量研究中理论定位不同，定性研究中理论（或一些其他的普遍解释）的位置是在研究的结尾处。它是一个从数据到普遍的主题再到概括模式或理论的归纳过程（Punch, 1998），这种归纳法的逻辑顺序如图7.5所示。研究者首先从参与者那里收集详尽的信息，根据这些信息归纳出范畴或主题，再根据这些主题或范畴得出一般范式、理论或原理，然后再把它们与该课题的个人经验或者现存文献进行比较。

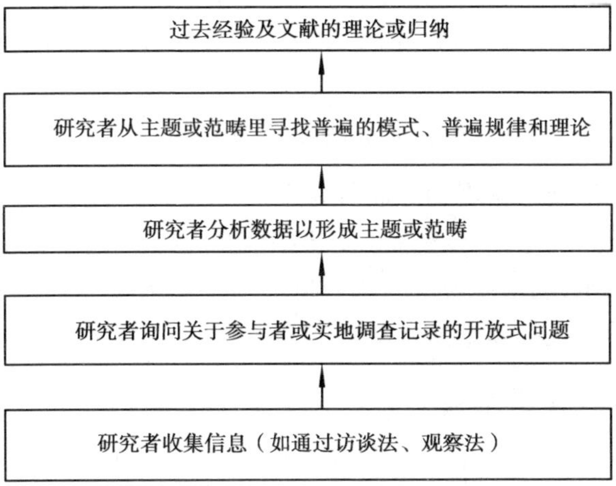

图7.5　定性研究的归纳逻辑

由主题和范畴发展到范式、理论或者原理的归纳过程，意味着定性研究最后阶段的理论是不确定的。例如，在个案研究中，斯泰克（Stake,1995）采纳概述式命题即研究者对解释和要求采用了摘要的形式，并在摘要内加入了研究者的个人经验，叫做“自然性概括（naturalistic generalizations）”（p.86）。而另一个扎根理论的例子却采取了不同的结尾，研究者希望运用扎根研究根据从参与者处获得的信息建立一个理论（Strauss & Corbin,1998）。林肯和古巴（Lincoln & Guba,1985），把“模式理论（pattern theories）”看做是对自然主义或定性研究的一个解释。与定量研究的演绎法不同，这些“模式理论”或“基本原理”是层层归纳得出的，是贯穿或联系全体的理论。纽曼（Neuman,1991）给出了有关“模式理论”的另一种描述：

> 模式理论不强调逻辑推演的理性。像因果关系理论那样，它包含了一系列相互关联的概念和关系，但是它不需要做出因果性陈述。相反，模式理论使用隐喻或类比方式以使关系“产生意义”。模式理论是系统的思维

> 体系,其概念和关系形成了一个相互强化的严密整体。它们有确定的顺序,并且部分与整体之间形成了一定的联系(p. 38)。

最后,尽管一些定性研究并不运用任何确定的理论形式,但是,没有任何定性研究始于纯粹的观察性研究,即在研究的开始阶段,观察者就不自觉地运用了早先的理论框架和方法来引导他们的观察活动(Schwandt,1993)。在定性研究领域,没有确定形式的理论定向,例如在现象学里,研究者就试图从参与者那里获得经验来进行研究(如 Riemen,1986)。在其研究过程中,研究者对中心现象进行了丰富、详尽的描述。

对定性研究方案的理论运用,我的建议如下:

- 决定是否要把理论运用到定性研究方案中。
- 如果需要运用理论,那么确定如何运用它,例如是作先入为主的解释,还是作为一个结尾,或是作为辩护式透析。
- 采用合适的方式将理论植入研究方案中。

定性研究中理论或模型的定位

在定性研究里,如何运用理论决定了它在研究中的位置。在那些涉及文化主题或理论透析的研究中,理论的位置是在研究的开头。在形成性定性研究设计中,理论可能运用于研究的开始阶段,并根据参与者的意见做相关的调整或修改。在多数以理论为取向的定性研究设计里,如批判性民族志研究中,莱瑟(Lather,1986)描述了其理论的运用:

> 建立经验性的扎根理论要求数据和理论之间存在互补关系。数据必须能够产生符合假设理论框架的辩证形式的命题,但它不能让这个特殊的框架成为一个仅是必须灌注数据的熔炉(p. 267)。

例 7.2　在定性研究开头的理论运用举例

穆桂亚、帕迪拉、佩维尔(Murguia,Padilla & Pavel,1991)研究了 24 名西班牙和印第安学生在大学校园里的融合问题。他们对种族划分如何影响社会整合抱有极大兴趣,他们通过把参与者的经验与理论模型——社会整合 Tinto 模型——建立关联来开始其研究。他们认为该模型没有被“完全概念化,并且只能导致研究的误解和误测”(p. 433)。

由此可见，定性研究里的模式不像在定量研究里的模式那样是被测试的，而是在研究过程中不断地被修改和完善。作者在研究的最后阶段完善了 Tinto 模式，对描述种族划分的根源和功能进行了修改。与定量研究相反，定性研究是在研究的最后呈现一个总结性的理论（如扎根理论）、一个模式或一个概念。这个理论可能以逻辑图解、概念间的可视关系图的方式呈现出来。

例 7.3　在定性研究结尾的理论

这里有一项关于学术部门领导对其成员的学术成绩产生影响的学术研究。这项研究基于来自国家数据库中对学院系主任的 33 个访谈记录。据此，我们（Creswell & Brown，1992）建立了一个扎根理论，该理论包含了学术领导影响一个学院的学术成绩的变量（或范畴）。在论文的最后一节理论部分，作者提出了一个可视模型，该模型由被访谈者提供的信息种类归纳得出。

另外，作者也提出合乎模式逻辑的趋势性假设。而且，在模式和假设的部分里，作者把它们与来自其他研究和文献的理论预测做了比较。对此，作者阐述如下：

> 该研究总的结论及其子结论是不寻常的，甚至与预期的相反。例如，与结论 2.1 相反，我们预期教职员对职业生涯的看法是在问题的范围而不是在类型方面存在相似。然而，我们却发现，到了任期后期的教职员所提及的大部分问题都包含在清单上所列出的问题之中。为什么会出现这种情况呢？有关学术表现研究的文献表明，一个人的学术成绩不会受到任期期间的奖励的影响（Holley，1977）。或许任期到了后期的教职员其广泛的职业目标可能扩大了问题的"类型"。无论如何，该研究的子结论使我们的注意力集中在富里尼斯（Furiness，1988）所认为的需要做更详细考查的职业群体上（p. 58）。

如这个例子所示，我们发展了一个相互联系变量的可视模型，从已知者的评论里归纳得到这个模型，并把它运用到研究的最后阶段，因此中心论点可能与现存的理论和文献形成对比。

混合研究中的理论运用

混合研究中可能包括的理论可以是理论测试和实证中的推论或形成性理

论或模式中的归纳。无论何种情况,在混合研究里,都强调定性研究或定量研究方法对理论运用的指导。混合研究中理论运用的另一种方式是理论透析或理论视角,由它来引导整个研究。在研究性别、种族/种族划分/残疾人、性倾向和其他多元化基础方面,还没有更多的关于使用理论透析方法的经验(Mertens,2003),但有部分研究者开始了这方面的探索。

首先,是格尼和卡拉希里(Greene & Caracelli,1997),他们指出"变革设计(transformative design)"是混合研究的主要形式。该项设计的重点是价值基础和行为取向研究,例如参与式行动研究与授权法(empowerment approaches)。在这个设计中,他们建议把多种传统价值混合在研究中(如定量研究的无偏见和定性研究的偏见)、在研究中综合使用多种方法、关注行为的解决方案等。令人遗憾的是,他们没有详细说明如何将该理论视角纳入到他们的研究中去。

在克雷斯威尔、普兰诺·克拉克、卡特曼和汉森(Creswell, Plano Clark, Cutman & Hanson,2003)撰写的专著内可以发现有关研究过程的更多信息。他们确定了理论视角的运用范围,这些理论视角有:性别、女权主义、文化/种族/伦理视角、生活方式视角、批判性视角以及等级、社会地位等视角。根据克雷斯威尔等人的观点,作为混合研究策略,首先要决定哪些理论视角。他们进一步完善了顺序法和并行法这两种混合研究策略的可视模型,并且指出了相关的优缺点[例如,它对那些即使已有研究步骤信息有限也不放弃对其探索的人有很大的吸引力(参阅本书第 11 章)]。

默滕斯(Mertens,2003)继续了这类讨论。如资料 7.1 所列出来的那样,她强调混合研究里运用理论视角的重要性。在详细说明"变革/解放范式(transformative/emancipatory paradigm)"及其具体使用理论视角的步骤时,她强调价值观在女权主义研究、少数民族/种族研究,以及残疾人问题研究等方面所起到的作用。她的"变革理论"是解放、反歧视、参与式、男女平等以及种族平等、关注残疾人个体和所有边缘人群等研究的一个涵盖性术语。

默滕斯指出了这些变革理论对混合研究的意义。它们把变革—解放方法论融进了研究过程的全部阶段。通读资料 7. 1 的所有问题,读者就能感觉到研究歧视性、压迫性问题以及识别参与研究者之间的差异性问题的重要性。这些问题也说明了在处理数据和做出研究报告结果时,尊重个体的重要性。

在混合研究方案中运用理论时应注意:

- 决定是否运用理论。
- 确保理论的使用与定量或定性方法一致。
- 如果理论是被用于变革策略的研究,定义该策略,并讨论将运用解放性理念的课题研究的要点。

资料 7.1 贯穿于整个混合法研究中的变革—解放问题

确定问题并搜索文献

- 你仔细查找过对不同人群的关注和有关歧视与压迫问题的文献吗?
- 这些问题是根据所选定的社区的具体情况来确定的吗?
- 混合研究适用于一定时期内对这些社区的研究吗(即建立信任了吗?使用合适的理论框架而不是有缺陷的模型了吗?肯定的和否定的问题平衡了吗?形成具有变革答案的问题了吗,例如社区和行政部门中的权威和权力关系问题)?

确定研究方案

- 研究设计是否拒绝了任何组群参与研究?遵守对参与者的伦理考量了吗?

确定数据来源和选择参与者

- 参与者是受歧视和受压迫的人群吗?
- 将参与者进行恰当地分类了吗?
- 对目标总体的差异有一定的认识吗?
- 扩大抽样范围以增强研究结果的精确度和可信度,需要做何种努力?

确定数据收集的工具和方法

- 数据收集过程及其结果对所研究的社区有帮助吗?
- 研究结果在该社区是可信的吗?
- 与该社区进行交流是否有效?
- 数据收集是否具有随着社会进程的变化而相应地发生变化的开放性?

分析、解释、报告并使用研究结果

- 研究结果会提出新的假设吗?
- 为分析对不同小组的不同影响,研究将检测亚组(即分层分析)吗?
- 研究结果会有助于理解和说明权力关系吗?
- 研究结果会促进社会进步吗?

来源:摘自 D. M. Mertens(2003),"*Mixed Methods and the Politics of Human Research: The Transformative-Emancipatory Perspective*,"(A. Tashakkori & C. Teddlie(Eds.),*Handbook of Mixed Methods in the Social and Behavioral Sciences*. 使用获得授权。

例7.4 一个变革—解放混合研究

霍普森、鲁卡斯、彼特森(Hopson, Lucas & Peterson, 2000)研究一个美国黑人都市社区中的艾滋病患者/艾滋病问题(HIV/AIDS)。与变革—解放框架一致,他们在参与者生活的社会环境里,考查了HIV/AIDS携带者的语言。他们首先以自由回答的方式做了75个民族志访谈以确定"语言主题"(p.31),例如责备、所有权和接受或拒绝。他们也收集了40个半结构化的诸如总体资料、日常习惯、吸毒情况、具备HIV/AIDS危害性知识、吸毒、性行为的社会行为特征的采访资料。从这些定性资料中,作者使用概念和问题以提炼后续问题,包括一个定量研究后干预工具的设计。作者指出在评估中授权方法是有用的,研究者可以听到来自群体的真实声音,并且根据参与者所说的去行动。

在混合法研究中,这个研究设计给出了"不同的研究传统中首要的价值基础和行动方向"(Gereene & Caracelli, 1997, p.24)。作者用理论透析重塑了参与者的语言和对话,并提出了研究中授权的重要性。

小 结

在定量研究中,研究者运用理论对研究过程中的变量关系提供解释或提出预测。理论可以解释变量之间为什么和怎么样建立联系的,因此理论充当了变量之间的桥梁。理论可能在使用范围上有宽窄之分,因此研究者使用多种方式陈述其理论,例如,用一系列假设:"如果……就……"的逻辑陈述,或者可视模型。研究者或在研究的文献述评阶段提出理论,或在假设和研究问题阶段提出理论,或以独立的章节提出理论。该部分给出的实例将有助于读者设计研究方案的理论部分。

在定性研究过程中,研究者运用理论作为一种较为宽泛的解释,这一点与定量研究很相似,例如在民族志方面。其次,它也可能是提出有关性别、阶层、种族或其他团体的理论透析或视角。再次,理论可能在定性研究的最后阶段出现,其形式可能是抽象出的理论、模型或在研究过程中,由数据收集和分析逐步归纳得出的概括。例如,扎根理论家提出以参与者的观点为基础的理论,并将它作为研究的结论。此外,一些定性研究不包含明确的理论,而是提出中心现象的描述性研究。

混合研究者既使用演绎式理论(如在定量研究里所使用的),也使用归纳式推论(如在定性研究里所使用的)。作者在他们的混合研究里也开始着手使用理论透析或理论视角(如有关性别、生活方式、种族/少数民族以及阶层等)。一种变革—解放的设计使该理论视角具体化,并且新近的发展已经把该理论视角应用到整个研究过程中。

写作练习

1. 根据本章给出的有关定量研究中理论运用的实例,为你的研究计划撰写“理论视角”部分。

2. 运用本章提出的因果模型设计程序,为你的定量研究方案设计一个变量可视模型。

3. 寻找以下定性研究的期刊文章:①使用了前设理论并在研究期间加以修改;②理论在研究的最后阶段产生或形成;③只进行描述性研究,没有使用明确的理论模式。

4. 为混合研究撰写理论透析,例如,女权、种族/民族,或阶层的理论视角。参考资料7.1,说明理论透析如何引导整个研究过程。

阅读推荐

- Flinders, D. J., & Mills, G. E. (Eds.). (1993). *Theory and concepts in qualitative research: Perspectives from the field.* New York: Teachers College Press, Teachers College, Columbia University.

大卫·富林德斯和杰夫里·米尔斯已经编纂了一本来自田野研究视角的书,不同的定性研究者都将其描述为“工作理论(theory at work)”。该书对理论定义是否达成共识只进行了很少的说明,也很少谈及它是否合乎伦理学的考虑。而且,理论在研究过程中的运用有多种类型,例如可分为型式化的理论(formal theory)、认识论、方法论及元理论。由于存在这些差异,我们能看到它们在定性研究中的不同运用,该理论表明其研究调查过程的批判性、个体性、规范性及教育批判性。

- Mertens, D. M. (1998). *Research methods in education and psychology: Integrating diversity with quantitative and qualitative approaches.* Thousand Oaks, CA: Sage.

在整个研究方法文本中,默滕斯提供了混合研究的“解放范式”。她对这个范式或理论视角做出了精彩而简短的概述。该范式关注边缘群体的个人生活。它分析了性别、种族、种族划分或者残疾人等方面存在的不公平因素,这种不平等因素与社会行为有关。它使用“解放理论”,该理论是基于问题产生或计划实施方式的一系列观点,该范式也将理论与研究过程中所涉及的问题和问题研究的方案结合了起来。

- Thomas, G. (1997). What's the use of theory? *Harvard Educational Review*, 67(1),75-104.

托马斯在教育研究中提出了理论运用的合理批评。他对理论的各种定义做了注解,并且指出理论的4种用途:思考与反思、限定假设、对不同领域的知识做出解释、作为科学的规范陈述。正是考虑到这些用途,他提倡理论没有必要构建和限制思维。相反,他认为正如托夫勒(Toffler)所描述的,应该像"临时方针"一样,观点应该是不断流动变化的。

第8章　定义、定界、局限及意义

研究者把理论用于开头，是为了界定研究的范围；把理论运用于结尾，则是为描绘围绕解释的参数。对研究方案进行定界是非常有必要的，这有利于读者理解研究方案有关的参数。有四个方面能表述这些参数：定义（definitions）、定界（delimitations）、局限（limitations）以及研究的意义（significance）。有了这些界限，研究者就可以明白无误地运用术语，缩小研究的范围，指出术语潜在的弱点，并为不同的受众明确方案的重要意义。在许多学位论文和专题研究方案中，学生们都在研究方案的专门部分阐述这些要素。在期刊文章中，定义常常出现在问题研究的导言部分。研究者在撰写期刊文章时，可能会在具体方法部分涉及定义的定界和局限，还会在导言中阐明论题的重要意义。虽然在整个研究中，这些要素并非缺一不可，在研究结构中其位置也可能发生改变，而且很可能这些要素不能独立成章，但是把其作为一个研究设计的基本要素加以考虑是十分重要的。

术语的定义

研究者对术语进行定义有利于读者准确地把握它们的意思。在第5章中,目标陈述的“脚本”已包括了对一个中心现象及主要变量的简要定义。本章将对研究方案中的各项术语定义进行详细地阐述。

用于下定义的术语

对于研究领域之外的人很难理解的术语要下定义,这些术语与普通的语言表达之间存在很大的差距(Locke et al.,2000)。显而易见,术语是否需要定义应予以判断。定义术语的首要原则是只要存在读者不能充分理解的术语,就要对其进行定义。在术语第一次出现时,就需要对术语进行定义,以免读者阅读研究方案开头用的是一套定义系统,而在后面发现术语用的是另一套定义系统。威尔金森(Wilkinson,1991)曾说:“科学家们都渴求定义他们研究中所用到的术语,以便准确地交流他们的研究成果和观点。(P.22)”正如费尔斯通(Firestone,1987)所表述的那样,对术语进行定义也能够增强和确保科学研究的精确性:

> 日常语言富有歧义,像其他符号一样,它们的含义取决于具体的语言环境。为了达到准确的要求,科学化的语言在形式上要避免使用多义词,这就是为了科学的目的而给普通术语赋予“技术性意义”的原因(p.17)。

考虑到术语的精确性,在文章的导言部分就应对术语加以阐释。在学位论文和专题论文中,都是在研究的一个专门部分对术语进行定义。其理由是,在正式的研究中,学生必须精确说明他们是如何使用语言和术语的。优良的科学研究需要把思维建立在权威的定义基础上。

在研究计划的所有部分,研究者提出的术语都应给出定义。在以下部分出现的不能被读者理解的术语要予以定义:

- 研究的标题
- 目标陈述
- 研究问题、假设和目的
- 文献综述

- 研究的理论基础
- 方法部分

在定性、定量以及混合研究中出现的特殊术语需要定义。

在定性研究中，由于定义在不断的归纳和改进过程中，研究者基本上不能对术语进行定义。相反，在研究的结束阶段，研究者要对在数据收集中提炼出来的术语进行定义。在一个定性研究计划中，作者可以提出“暂时性”定义。例如，在运用定性分析的个案研究中，主题（或视角或维度）是通过资料分析产生的。在这一过程中，只要术语在研究中一浮现，作者就要对其进行定义，否则，当术语完全展现时才对术语进行定义，就为时已晚。这个方法使研究方案中的研究者对定性研究中的术语提前做出定义变得非常困难。因此，定性研究方案中通常不包括“术语定义”的独立章节，但是作者可以在进入研究领域收集信息之前采取暂时性术语定义。

而对于定量研究，由于其更多地使用演绎法研究固定的对象，因此在研究方案的前面部分就包括了大量定义。研究者把这些术语放置于研究方案的各个独立章节中，并对它们进行准确的定义。在研究的开始阶段，研究者一方面力图对所有相关的术语进行定义，另一方面也使用那些在已有文献中已被接受了的术语定义。

在混合研究中，如果研究着手于收集定量分析的资料，那么，术语定义就可能要放在独立章节中。如果是以收集定性研究的资料开始，术语将出现在研究的过程之中，并且可能在研究结尾的结论或结果部分中得到准确定义。如果同时进行定量分析和定性分析的资料收集，那么优先选用何种方法则取决于研究者对术语下定义是采用定量的方法还是定性的方法。所有混合研究中所包含的术语都可能是读者所不熟悉的。例如，在一个程序讨论中所包含的混合研究的定义（见第 11 章）。术语的阐述与一项研究中所使用的混合研究的策略类型有关（如并行法和顺序法），也与策略的具体名称有关（如第 11 章所讨论的并行三角测量模型）

没有一个方法在研究的术语定义中占有统治地位，但洛克（Locke et. al.，2000）就此提出了几点建设性意见：

- 当术语第一次出现在研究方案中时，就必须对它进行定义。例如，在导言中，术语的定义能够帮助读者理解研究的课题以及研究中的问题或假设。
- 定义的撰写必须具有可操作性和可应用性。操作性定义通常用具体的语言而非抽象化、概念化的语言撰写，因为在论文中，定义部分是给作者提供了一个将研究中所涉及的术语具体明确的机会。可操作性的定义具有相对优势,尤其是在论文方案中。

- 不要用日常语言给术语下定义,而要使用研究文献中已有的易被读者接受的语言。因此,可以说术语存在于文献中,而不是由作者发明创造出来的(Locke et al. ,2000)。然而有些准确的术语定义可能在文献中也难以获得,此时作者就有必要运用日常语言来组织定义,在这种情况下,定义的提出和运用要在整个研究计划中保持一致(Wilkinson,1991)。
- 研究者本着不同的目的来定义术语。定义可能描述的是一个普通的词(如"组织")。它也可能是限定性的,比如"有些课程只是为学生课后准备的,在当前的地区学校、手册中将它们作为继续学习所应该支持的东西"(Locke et al. , 2000,p. 124);它也可能建立一个可以运用于研究的标准,例如:"高分的一般意思是 GPA 累积达到 3.7 分或高于 4.0 分";也可以考虑到研究中的运用情况对术语进行操作性定义,例如:"'强化'意味着在校报上列举俱乐部成员名单,为成员提供特殊的场所,以及在学校的海报上列出成员资格等措施"(Locke et al. ,2000,p. 124)。
- 虽然并不存在给术语下定义的固定格式,但把其作为独立章节(叫做"术语的定义")是一种比较好的,即作者通过强调每个术语,明确地将每个术语进行定义,这样,词被赋予了固定的含义(Locke et al. ,2000)。显然,这一独立章节的内容不能超过 2 ~3 页的篇幅。

接下来的两个例子阐明了研究中给术语下定义的各种格式。

例 8.1　混合研究论文中术语的定义

第一个实例阐释了混合研究中的一个冗长的术语定义,它被放在第一章导论部分。范霍恩—格拉斯梅耶(VanHorn-Grassmeyer,1998)研究了学院和大学里从事学生事务工作的 119 名新的专职人员是如何进行反思的,这种反思可以个人单独完成,也可以通过团体协作完成。她对所有新专职人员都进行了测量和深入访谈。由于她是研究学生事务专职人员的个体和团体反思,在研究的开始阶段,她就对相关术语进行了详细定义。下面我将对她的两个术语定义进行阐释,请注意她是如何参考其他文献来对术语进行准确定义的。

个体反思

舍恩(Schon,1983)的一本专著中,通篇都在归纳其所命名的反思性思维、行动中的反思、反思性实践等概念。他和阿格里斯(Argris & Schon,1978)花了十年的时间来介绍这些概念,就像很难正确找出直觉行为的合适定义一样,要找到研究者所理解的个体反思的精确定义是很困难的。本研究目标下的个体反思最突出的特征有三个:①实践的艺术性(Schon,1983);②如何凭直觉实践;③专业人员如何通过缜密的思考来提高其实践。

学生事务专业人员

专业人员可以被描述为几种类型。一种定义描述为一个人展现出"高水平的独立判断力,把在理念、视角、知识、规范和(他所从事的)专业行为方面的博学集于一体"(Baskett Marsick, 1992, p. 3)。学生事务专业人员被认为具有如下特征:在高等教育环境中从事学生工作,能够发挥其支持学生的学术研究或第二课堂功能(Vanklorn-Grassmeyer, 1998,pp. 11-12)。

例 8.2 定量研究论文中自变量术语的定义

第二个实例阐释了研究中撰写定义的一种简化形式。而且,第一个定义说明了研究中关键词的操作性定义,第二个定义则阐明了关键词的程序性定义。弗农(Vernon,1992)研究了中间一代的离异如何影响了祖辈与孙辈的关系。这些定义包括在一个有关自变量的章节里。

与孙辈的亲属关系

与孙辈亲属关系涉及祖辈是母系还是父系。已有的研究(如 Cherlin & Furstenberg,1986)认为母系祖辈与他们的孙辈关系更紧密一些。

祖辈的性别

研究发现,无论提到的祖辈是祖父/外祖父还是祖母/外祖母,都是祖孙关系中一个重要因素[祖母/外祖母与孙辈的关系比祖父/外祖父更为密切,这是因为妇女在家庭中更具家庭亲密关系维持的作用(Hagestad,1988)](Vernon, 1992,pp. 35-36)。

定界与局限

在每一研究中有另外两种参数为研究确定边界、例外情况、适用范围、资格要求:定界和局限(Castetter & Hersler,1977)。在定量、定性和混合研究方案中都有所体现。

- 运用定界来缩小研究范围。例如,研究的范围可能是集中在特殊变量或中心现象上,限定在特殊的参与者或场所中,或者缩小了研究设计的类型(如民族志研究或实验研究)。
- 识别研究中的潜在局限。在开始构思研究方案阶段,识别研究的弱点常常是非常困难的。然而,指导者希望学生预测其研究中潜在的弱点,并识别其研究方法中资料收集和分析的相关局限。例如,与测量和扎根理论一样,所有的研究策略、统计过程都有局限性。在导言中讨论这些策略,作者应特别提到其优点和不足(Creswell,2002)。

在期刊文章中,研究者把定界并入了方法和程序部分,而在研究的结尾阶段写局限性。在研究方案中,作者可以把它们置于单独的一部分,也可以把它们分别写在两个子章节里:一个写定界,另一个写局限。这种变化一般按博士和硕士论文委员会对方案中这部分写作的要求而定。

例 8.3　博士论文研究方案中的定界和局限

接下来的一个实例是来自于护理专业的博士论文研究方案(Kunes,1991),它分段说明了定界和局限。第一段——定界——库尼斯(Kunes)提出了她打算如何缩小研究范围。第二段——局限——她提出了研究设计中潜在的弱点。这两点都在研究方案的"导言"部分里。

> 定界:最初,这些研究限定于对一所中西部私人精神病院的全体护士进行访谈和观察。
>
> 局限:有目的的抽样过程降低了调查结果的概括能力。此研究并不能概括所有地区的护理。
>
> 局限:这个定性研究的结果可能受制于别的解释(Kunes, 1991, pp. 21-22)。

研究的意义

在学位论文中,作者常常会针对相关的读者用特定的章节来描述研究的意义。通过此部分,作者阐明了研究的基本原理,也表明了研究结果的重要性。在导言中,进一步叙述读者的意见(对问题的阐述),作者也简要地谈论了这个问题对读者的重要性。相反,研究中意义部分却是为研究者、从业者以及政策

的制订者详细描述研究的重要性和蕴涵。在设计这一部分时,应包括:

- 本研究为同领域的学术研究和学术文献贡献了三到四方面。
- 本研究为提升实践能力提供了三至四种途径和方法。
- 提出本研究能够完善政策的三至四个理由。

在接下来的实例中,作者在期刊文章中阐明了研究的重要意义。马什卡雷尼亚什(Mascarenhas,1989)所作的这一研究是检查工业公司的企业所有权。作者清晰地确定了作为读者的决策者、组织者和研究者。

例 8.4　在定量研究导言中阐明研究的意义

有几个理由可说明对一个组织的所有权和经营范围——在此定义为市场服务、生产领域、消费者定位和技术应用——的研究具有重要意义(Abell and Hammand, 1979; Abell, 1980; Perry and Reiney, 1988)。首先,明白产权关系和经营方向有利于揭示组织活动的潜在逻辑,也能帮助组织成员进行策略评估……其次,面对全社会的基础性决策涉及采取行为管理的公共机构的类型……不同所有权类型的知识领域,能为决策制订服务……再次,研究者常常研究反映一两种所有权类型的组织,但他们的研究结果却绝对地概括了所有组织(Mascarenhas,1989,p. 582)。

小　结

研究者用定义、定界、局限以及意义的陈述来划定研究计划的范围。研究者需要对研究方案中用到的术语赋予准确而清晰的定义,当这些术语第一次出现在研究方案中时,就需要对他们进行定义。研究者需要提出在文献中已被人们接受的术语定义,并用详细的、合理的方法表述他们,就像把它们置于研究方案的独立部分中一样,要予以详细说明。在定性研究中,研究者提出了暂时性定义,是为了根据参与者逐渐生成定义,当然,也有少数非常典型的术语定义突破了研究方案的传统。在定量研究中,研究者也在他们的研究过程中给术语下定义,以使研究者和读者对术语达成普遍的、一致的定义认知。在混合研究中,术语的详细定义应或与定性法相一致,或与定量法研究相一致,但如果混合研究提出了自己的策略性术语,读者对这一研究形式并不熟悉,就需要作者对其进行确定了。

接下来是定界和局限的问题。定界探讨了研究如何缩小研究范围,而局限则能鉴别研究的缺点。对它们可以独立成章(如在研究方案中),也可以扩展到与方法和讨论相结合的章节里去(如在期刊文章中)。

最后,研究的意义为不同读者描述了研究的重要性,为研究者、实践者和政策制订者阐明了研究的重要性。

写作练习

1. 为你的研究计划写出定义部分,尽可能多地运用一些作者在他们的文献中所提出的定义。

2. 确定你的研究如何限定范围,写出三到四个理由,包括你将如何把你的研究范围集中于一个具体的问题,确定变量或中心现象以及参与者。

3. 明确你的研究潜在的局限。注意在整个研究设计中,这些反映了方法论所固有的缺点。

4. 写出你研究的重要意义。对不同的读者都将如何从你的研究中获益做出说明。阐述研究对其他研究者、实践者以及政策制订者所具有的重要意义。

阅读推荐

- Locke, L, F. Spirduso, W. W, & Silverman, S. J. (2000). *Proposals that work:A guide for planning dissertations and grant proposals* (4th ed.). Thousand Oaks,CA:Sage.

洛克、斯皮尔都秀和西弗尔曼探讨了专题论文用语清晰、准确的重要性,这些用语必须具有不变的定义和含义。他们阐述了研究中的特殊用语必须来自于专业领域或学科的语言系统,而不是日常词汇表中的普通用语。无论研究者使用的是普通词汇,还是专业用语,这些词汇对于研究者和读者都只能有一个单一的含义。这些词语只能仅仅有一个含义,在一个研究方案中都保持着这种一致性。对于初次搞研究的人来说,当他们把这些语言扩展到一个新的研究领域时,问题就产生了。洛克、斯皮尔都秀和西弗尔曼建议在研究方案中,应用一个章节的内容来使研究方案中的定义更为精确。

- Punch, K. F. (2000). *Developing effective research proposals. London:Sage.*

庞奇把局限、定界和研究意义作为研究方案写作的一个问题来进行探讨,他把局限描述为条件局限和局限性缺点,这些都存在于研究设计中。他指出研究者应该在方案研究中重视他们,他把研究的重要意义描述为理由、重要性或贡献。这些有关意义的探讨,对知识、对政策的制订以及对实践者都具有重要作用。

- Rossman, G. B., & Rallis, S. F. (1998). *Learning in the field: An introduction to qualitative research.* Thousand Oaks,CA:Sage.

罗斯曼和拉里斯讨论了在制订研究计划时,确立研究意义的重要作用。他们指出正规的研究方案中包括了一个特定的章节,在这一章节里定性研究者表明了研究的潜在意义。他们认为以下几个内容应该包括在这一章节里:学术性研究和文献、社会政策问题的重现、对实践的关注以及参与者的兴趣。如果研究方案是写给一个资金机构以求资助,作者应该阐述研究项目适应实际需要以及基金机构的优先权问题。

- Wilkinson, A. M. (1991). *The scientist's handbook for writing papers and dissertations.* Englewood Cliffs,NJ:Prentice Hall.

威尔金森用整章的篇幅来探讨科学术语的运用。她建议社会科学家必须至少掌握足够的普通词汇,以及由研究者精确定界的定义技巧。她建议社会科学家要用语标准,而不能用同义字来代替术语。当通过访谈明细表、问卷调查和文本分析来收集资料时,语言就变成了一个直接测量的手段,并且术语应用也必须保持一致。

第9章　定量研究的路径与方法

对于许多研究方案的撰写者而言,研究方法是迄今已讨论的所有部分中最具体、最特殊的。本章运用具体的调查和实验研究的模型,提出了研究方案中定量分析法设计的基本步骤。正如第1章所讨论的,这些模型反映了可供选择的知识观的要求。例如,决定论认为,对于通过调查和实验来回答研究问题和假设而言,找到两个变量或多个变量间的关系是其核心。通过设计或统计分析的严格控制,对有限的一组变量进行归纳,从而为验证理论提供测量或观测数据。客观数据来自于经验性观察和测量。工具记录下的数值的效度和信度、为知识观设定的附加标准对于数据的解释具有重要意义。

对于相关的假设和操作步骤而言,本章的讨论不可能穷尽所有的定量研究方法。在调查研究方面可参考一些资料详实、内容丰富的优秀著作(Babbie, 1990,2001; Fink, 1995;Salant & Dillman, 1994);就实验程序而言,可以查阅一些传统资料(D. T Campbell & Stanley, 1963; Cook & Compbell, 1979);同时,也有不少新著作扩展了相关理念(Bausell, 1994, Boruch 1998, Keppel, 1991, Lipsey,1990, Reichardt & Mark,1998)。本章将集中讲述研究方案中关于调查和实验方法的基本内容。

调查和实验的界定

调查设计是通过研究总体的样本来提供有关总体的趋势、态度及意见的定量或数值性描述，研究者根据样本结果归纳出关于总体的一些结论。在实验中，研究者同样需要确定样本和对总体进行归纳，只不过，实验的根本目的是检验实验处理（或干预）对实验结果的影响，并控制所有可能影响结果的其他因素。控制的方法之一就是研究者对被试组进行随机组合，当一组接受实验处理，另一组不接受时，实验者就能分辨出到底是实验处理还是被试的个体特征（或其他原因）影响了结果。

调查方法计划的构成要素

调查方法的设计遵循一个标准格式。一些学术期刊上有许多关于这种格式的例子，这些例子提供了对于调查策略有用的一些模型。本章接下来将详述各种典型的构成要素。在准备把各要素融入方案的设计时，应该把表 9.1 所呈现的问题作为一个一般的准则。

表 9.1　调查方法设计问题一览表

——是否陈述了调查设计的目标？
——是否提出了选择这种设计的理由？
——是否确定了调查的特征（横向或纵向）？
——是否提及总体及总体的大小？
——是否将对总体进行分层？如果是，将如何进行？
——样本中的人数是多少？选择样本大小的基本标准是什么？
——如何对个体进行抽样（如随机、非随机）？
——调查中将使用什么工具，谁提出并发展了这种工具？
——令人满意的调查范围是多大？大小是多少？
——什么样的步骤将用于引导或对调查做现场试验？
——进行调查的时间期限是多长？
——研究的变量是什么？

——变量如何与调查的项目和研究的问题前后照应?
——资料分析时将采取哪些具体步骤:
a)——分析反馈?
b)——检查回应偏差?
c)——进行描述分析?
d)——编制量表条目?
e)——检查量表的信度?
f)——运用推断统计回答研究的问题?

调查设计

在一个研究方案或计划中,方法部分的首要内容是为读者介绍调查研究的根本目的和基本原理。通过调查目的的介绍和基本原理的选择,对研究方案的设计进行讨论。讨论的具体内容如下:

- 确立调查研究的目标。该目标是对样本进行归纳,以便能推论出总体的特征、态度或行为(Babbie,1990)。这些推论可通过本章所提供的调查方法来实现。
- 指出为什么调查是研究中数据收集的首选。根据这个基本原理,再考虑调查设计的优点,如设计的经济性以及数据收集反馈的快速性等。讨论从一个小组的个体中识别出总体特征的优势所在(Babbie, 1990; Fowler, 1988)。
- 指出调查是采取对一个点的横向资料收集,还是采取全程的纵向资料收集?
- 详细说明资料收集的形式。芬克(Fink,1995)提出了4种类型:自填式问卷调查;访谈;专用于评论财政、医药、学校信息的结构性记录;结构性观察。还可以通过因特网进行在线调查来收集数据(Nesbary,2000)。无论采取什么形式的数据收集方法,应遵循一个基本原理:根据数据收集程序的优点和缺点、费用开支预算、数据的可利用性以及方便性等进行数据收集。

总体和抽样

明确总体的特征和抽样的程序。方法论学者已就抽样理论的内在逻辑做了精彩的论述(Babbie,1990,2001),这些讨论主要集中在研究计划中对总体和样本的本质层面的描述。

- 确立研究的总体。如果总体的大小可以确定,就要对其大小进行说明,也要对确定总体中的个体的方法进行说明。这就产生了如何进行调查的问题,研究者应当指出获得抽样框的途径——通过邮件或公开的调查表——在总体中寻找潜在的回应者。
- 确定总体的抽样设计是简单的,还是分层的(或称为整群抽样)。当汇编一个总体的构成要素清单不可能或不切实际时,整群抽样就是理想的做法(Babbie,2001)。在简单抽样过程中,研究者可以直接用总体中的个体,将人(或其他要素)从总体中抽样。在分层、整群抽样过程中,研究者首先抽样出组或团体(或群),然后再在相关的群中进行抽样。
- 确定选择个体的过程。我建议选择总体中的每个个体都有同等的抽样可能性(系统或概率抽样),而不赞成非概率抽样(或方便抽样),因为其选择回应者往往是基于方便和可获得原则(Babbie,1990)。采取随机抽样,从总体中选择出来的代表性样本能够概括总体的一般特征。
- 在进行抽样前,确定研究课题是否需要对总体进行分层。分层是指个体的具体特征(如男性和女性)已被体现在样本中,同时,样本反映了总体中具有某种特征的个体的真实比例(Fowler,1988)。当从总体中随机选择个体时,这些特征在样本中呈现出来的比例与在总体中呈现的比例可能相同也可能不同,而分层就能确保他们的代表性。同样,还要指出在总体进行分层中所用的特征(如性别、收入水平、受教育程度)。在每一层中,我们都必须明确样本中具有这些特征的个体的比例是否与总体所表现出来的这些特征的比例是一致的(Babbie, 1990; Miller 1991)。
- 讨论从可获得的名单中选择样本的过程。选择样本最严格的方法是从随机数字表中选择个体,这种表格可以从许多统计学概论教科书中获得(Gravetter & Wallnau,2000)。
- 说明样本中的人数及其计算这个数字的过程。在调查研究中,我建议采用很多书中提到的计算样本规模的公式(Babbie 1990, Fowler, 1988)。

工　具

作为严格的数据收集的一部分,方案开发者同样要提供将要进行的研究中使用的实际调查工具的详细信息。应考虑如下因素:

- 给在研究中用于数据收集的调查工具命名。它是否是为本研究而设计的,或是改进的,亦或是别人开发出来尚未使用的新工具。如果它是一个改进的工具,要说明改造者是否被授予了该工具的使用权。在许多调查方案中,研究者从几种调查工具中提取构件来组装自己的调查工具。调查者同样必须获得那些工具的各组成部分的使用权。

- 若使用现存的工具,研究者需要描述过去使用该工具得出的记录(score)的信度和效度。这意味着研究者为建立效度所做出的努力——是否有人根据这个工具的测量结果得出了有意义的和有用的推论。效度的三种传统形式是内容效度(题目是否测试了他们想要测试的内容)、预测效度或一致效度(即记录是否预示了一个标准测量?结果是否与别的结果相关)以及结构效度(各项测试题目是否测到了假设的结构或概念体系)。在近来的许多研究中,结构效度也包括了测量的结果是否能为有用的目标服务以及运用后是否有肯定的结果(Humbley & Zumbo, 1996)。同时,还要讨论过去使用该工具所得到的记录是否具有信度。查看作者是否报告了测量的内部一致性(如各项测量题的一致性反应是否大于冲突性反应)和测试与再测之间的关联性(如当第二次使用工具时,所得记录是否与第一次一致)。还要确定测试的实施和记录是否协调(如错误是由实施还是记录的粗心造成的)(Borg, Gall, & Gall 1993)。当研究者在研究中改进或组合一个工具时,如果原有的效度或信度不能支持新的工具,那么在数据分析过程中重建工具的信度和效度就显得非常重要。
- 应该包括一些工具的样本项目,以便读者能看到实际使用的工具项目。研究者需要在研究方案的附录中,列出测量工具的一些项目或者将整个测量工具列出来。
- 指出调查工具的主要内容部分,比如简介(Dillman, 1978,在简介中提供一个有用的项目列表)、项目(如人口统计学、态度项目、行为项目、测谎项目)以及指导语。还有一个重要内容是工具中用于测量的量表类型,例如连续量表(continuous scales)(如从非常同意到非常不同意)和绝对量表(categorical scales)(例如,是/否,从最重要到最不重要进行排列)。
- 制订调查的先行测试或实地测试计划,并且指出该计划的逻辑依据。这个测试对建立工具的内容效度以及改进问卷、格式和量表,都具有重要作用。指出即将接受这个工具测试的人员数目,同时还要指出将他们的意见纳入最后的工具修订中的计划。
- 对于邮寄问卷调查,要求研究者确定实施调查的步骤,确保问卷的高回收率。萨兰特和迪尔曼(Salant & Dillman,1994)提出了实施调查过程的4个阶段。第一步是对样本的所有成员发出内容简短而能高度吸引注意力的信件;第二步是在第一步完成之后的一周内把实际调查的邮件,分发出去;

第三步是在问卷发出的4~8天后,将明信片寄给样本中的所有成员;第四步将装有个人签名的个性化的简介、调查问卷以及填好寄回地址的信封寄给那些没有回应的人。研究者应当在第二封邮件寄出3周后寄出第四封邮件。因此,就整个过程来说,研究者可以在研究开始后4周内结束调查(提供符合方案目标的统计报表)。

研究中的变量

虽然研究方案的读者在方案的前面部分已经了解了变量,但是在方法部分将变量与使用调查工具中的具体问题联系起来是很有用的。在研究计划的这一阶段,我们把变量、研究的问题以及调查工具中的项目联系起来,以使读者能够很容易地了解研究者将如何使用这些问卷中的项目。研究计划包括一个图表和一个关照到变量、问题或假设和具体调查项目的讨论。这一程序对需要进行大规模测试的学位论文的写作是非常有帮助的。表9.2用假设的数据举例对此做了说明。

表9.2 变量、研究问题以及调查题项

变量名	研究问题	调查题项
自变量#1:以前的出版物	描述性研究问题#1:学术委员们在获得博士学位前已出版了多少成果	见问题11、12、13、14和15:获得博士学位以前所出版期刊文章、书、会议论文以及书的章节的总数
因变量#1:奖金	描述性研究问题#3:在最近3年里,学术委员们获得了多少奖励	见问题16、17和18:来自基金会的奖励、联邦奖励、州奖励
控制变量#1:任期状况	描述性研究问题#5:学术委员有任期吗	见问题19:任期(是/否)

数据分析

在研究方案中,应提供关于数据分析步骤的信息,我建议按照以下的一系列步骤来提出:

- 第一步:统计调查中对调查问卷做出回应和没有做出回应的样本成员的数目。制出一个用数字或百分比来描述做出反应者和未做出反应者的表格,这对清楚地呈现信息资料非常有用。

- 第二步:提出能够确定回应偏差的方法。回应偏差是对调查中没有做出答复的结果的估计(Fowler,1988)。偏差的意思是,如果未回应者对调查问卷进行了答复,那么他们的答复可能会完全改变过去的整个调查结果。有必要论及检查回应偏差的过程,如波型分析(Wave analysis)或回应/未回应分析。在波型分析中,研究者通过一周接一周地检查选项的回复结果,以此来确定平均回应是否改变(Leslie, 1972)。基于这样一个假设,即那些在回复阶段的最后几周才做出回复的答复者,极有可能就是未回应者。如果回复情况改变了,那么就潜在着回应偏差。另一个检查回应偏差的方法是通过电话联系一些未回应者,以确定他们的回应是否完全不同于已做出回应的回应者。这就为回应偏差建构了一个回应—未回应检查系统。
- 第三步:讨论一个对研究中所有自变量和因变量提供描述性数据分析的计划,这些分析应表明方法、标准差以及变量的取值范围。
- 第四步:如果研究方案包括一个带量表的工具或者建立量表的计划(把项目与量表结合起来),那么为了完成研究方案就要确定统计程序(也就是因素分析)。同时需要注意的是,量表内在一致性的信度检验[即克龙巴赫α系数(Cronbach alpha)统计]。
- 第五步:确定研究方案中检验主要问题和假设的统计方法和计算机统计程序,指出选择某种统计检验的基本原理和假设与统计之间的联系。基于所研究问题的特征(例如变量间的联系或组群之间的比较)以及自变量、因变量和协变量的数目(Rudestam & Newton,1992)做出选择。同时还要注意到变量的测量(作为连续的或绝对的变量)和分值的分布类型(正态、非正态)对统计检验的选择所产生的影响(Creswell, 2002)。

例9.1　调查方法节选

下面是一个关于调查方法的实例,它详细阐述了上面所提到的许多步骤。摘录(允许被使用)来自一篇期刊文章,文章主要研究了在一个小型的文科学院中,影响学生人数自然缩减的因素(Bean & Creswell, 1980, pp. 321-322)。

方法论

研究的地点是一所座落于一个拥有175 000人的中西部城市里,具有宗教性的、男女同校的较小的(在册学生1 000名)文科院校。(**作者明确了研究的场所和总体**)

在前几年该校辍学率达25%,辍学的学生主要集中在大一、大二,因此调查者就希望通过课堂分发问卷,尽量多地对大一、大二的学生进行调查。研究表明,大学里女性和男性人数自然缩减有着不同的原因(Bean, 1978, 未出版; Spady, 1971),因此,本研究只分析女性辍学原因。

1979年4月,169位女性交回了问卷。其中有135位女性是同一类型,她们25岁或更年轻一些,未婚,从小出生在美国的美国公民,都是白种人,对她们作为样本进行调查分析,排除了混淆变量的可能(Kerlinger, 1973)。

在这些女性中,有71名大一学生,55名大二学生,9名大三学生。这些学生中,有95%的年龄都在18~21岁之间。ACT测试的得分揭示,这个样本对更高能力的学生存有偏见。(**作者呈现了关于这个样本的描述性信息**)

数据的收集是通过包含116个题项的调查问卷来完成的,其中大部分都类似于李克特量表的题项,是从“极小程度”到“极大程度”。其他问题则是为获得一些实际的信息,例如:ACT测试分值、高中成绩、父母的受教育水平。分析中的所有信息都来自于问卷调查所得到的数据,该问卷在该校使用前已在其他三所机构进行了改进和检测。(**作者讨论了测量工具**)

测量的一致性效度和聚合(convergent)效度(D. T. Campbell & Fiske, 1959)是在一个适当的水平上通过因素分析而确立的。因素的信度通过α系数确定。这一结构通过25种测量指标来表征——在因素分析的基础上结合多个题项来构建指数,并用27种单一题项的指标测量来呈现。(**提出效度和信度**)

数据分析运用了多重回归和路径分析(Heise, 1989; Kerlinger & Pedhazur,1973)。

在因果模型中……学生“辍学的打算”在因果序列所呈现的所有变量中回归,与离开意图显著相关的中间变量回归到组织变量、个体变量、环境变量以及背景变量。(**数据分析步骤的呈现**)

实验方法计划的构成要素

关于实验方法的讨论具有以下的标准形式:参与者、材料、实验程序、测量方法,这四个方面是研究计划必备的基本内容。在这一节中,我除了检视实验设计和统计分析的信息以外,还讨论了其构成成分。本节的目标在于在一个实验法方案中突出一些关键主题。通过回答表9.3中所列出的问题就能获得关于这些主题的指南。

表9.3 实验设计过程的问题列表

——研究中的参与者是谁?这些参与者属于哪一总体?
——参与者是怎么选出来的?是否使用了随机抽样的方法?
——参与者将怎样被随机分配?要对他们进行匹配吗?怎样进行?
——实验组和控制组分别有多少参与者?
——研究中的因变量是什么?怎样对它进行测量?要测量多少次?
——实验的条件是什么?怎样进行操作?
——实验中的变量将要共变(covary)吗?将如何对它们进行测量?
——什么样的实验研究设计将被运用?设计的视觉模式看起来是什么样的?
——什么工具将被用于测量研究的结果?为什么选择它?谁建立了这个工具?它已确立起效度和信度了吗?已获得了使用许可吗?
——实验过程的步骤是什么(如随机分配参与者到各组、收集人口统计学信息、前测的实施、实验处理的实施、后测的实施)?
——什么是实验设计和程序的内部效度与外部效度的潜在威胁?它们将怎样被提出?
——是否对实验进行前测?
——将使用什么统计方法对数据进行分析(如描述和推断统计)?

参与者(以前被称为被试)

读者需要了解参与实验的参与者的挑选、分配以及参与者的数量。在设计实验方法时,请考虑以下建议:

- 描述参与者的挑选过程是随机的还是非随机的(如方便选择)。参与者可能通过随机挑选或随机抽样的方式选出。通过随机挑选或随机抽样,总体中的每一个个体都有相等的被选中的几率，以此来确保抽样具有代表性（Keppel,1991）。然而，在许多实验中，使用方便样本的可能性最大，因为研究者可能使用自然形成的团体（如一个班级、一个组织、一个家庭单元）或自愿者作为研究的参与者。

- 随机地把方便样本个体分成小组以符合真实验的要求具有一定的困难。如果随机分配能够进行，讨论如何进行实验设计能将个体随机分配到各个实验组。这就是指对参与者进行均等分配：1 号个体进入第一组，2 号个体进入第二组，依此类推，以使在个体的分配过程中不存在系统偏差。这一过程消除了参与者和实验环境之间的系统误差影响实验结果的可能性，以便实验结果的差异能被归因为实验处理（Keppel,1991）。
- 确定实验设计的其他控制方法，这些方法将系统地控制可能影响结果的一些变量。一个方法就是根据一定的特质或特点对参与者进行匹配，然后将匹配的个体分别分配到不同的实验组。例如，前测的得分是可获得的。可以根据前测分数把个体分配到各组中，使每个组都有相同数量的前测高分、中分和低分的参与者。另外，匹配标准也可以是能力水平或人口统计变量。然而，研究者也可以不对参与者进行匹配，因为那样既耗时又耗力（Salkind, 1990），并且如果参与者不参加实验，将出现非对比组（Rosenthal & Rosnow,1991）。控制实验的其他程序包括协变量的运用（如前测得分）和控制统计，选择同质样本，或者将被试分成各种次级组或类型，分析每一个次级组对实验结果的影响（Creswell,2002）。
- 告诉读者每个实验组中参与者的数量和决定每组规模的系统程序。对于实验研究而言，研究者运用功效分析（powe analysis）（Lipsey,1990）来明确组群的样本规模。计算包括：

——实验的统计显著性水平或 α 系数统计。

——研究所期待的功效量——典型地表现为高、中、低——当零假设错误时，利用样本数据对它进行统计检验。

——效应大小（effect size），指通过标准差单位表达的控制组和实验组之间的估计平均差值

研究者对这三种因素进行赋值（例如，$\alpha = 0.05$，功效 $= 0.80$，效应大小 $= 0.50$）以及设计能够在表中查阅每个实验组所需要的大小（Cohen, 1977; Lipsey, 1990）。按这样的方法制作实验计划，使每个实验组的大小能够提供最大的灵敏度，实际上对实验结果的影响应归于研究中的实验控制。

变　量

- 明确分辨实验中的自变量(回顾第 5 章关于变量的讨论)。自变量应该是处理变量。一个或更多的小组接受研究者的实验控制或处理。其他的自变量可能仅仅是指不进行控制的观测变量(例如,参与者的态度或个人特征),但这些自变量仍然能在实验中被统计控制,例如人口统计学资料(如性别或年龄)。方法部分必须列举并且清晰地确定实验中的所有自变量。
- 确立实验中的因变量或变量。因变量是反应变量或标准变量,这些变量被认为是由自变量的各种实验处理(以及其他自变量)所导致或影响的。罗森塔尔和罗斯诺(Rosenthal & Rosnow, 1991)提出了实验的三种原型结果指标:变化的方向、变化量和变化的自由度(例如,单组设计中,被试重新获得了正确的反应)。

工具和材料

在实验过程的前测阶段或后测阶段(或两个阶段都包括),研究者进行观察或获取测量结果时都会用到工具,正如要对实验工具进行筛选一样,一个完好的研究计划就要求对工具进行讨论,即对工具的开发、项目、量表、过去使用的信度报告和效度评价进行讨论。研究者还应该对本研究中实验处理所使用的材料进行报告(例如给予实验组的具体项目或活动)。

- 研究者要对工具及其在实验中的运用情况加以说明,特别要对工具在实验前和实验后的情况加以说明。指明工具已获得的效度和信度评价、研制工具的人员,以及使用工具所必须的使用许可。
- 全面讨论实验处理中材料的使用。例如,一个实验组在一间教室参与一个特殊的由教师制订的计算机辅助学习计划,这一计划可能包括资料、授课以及特殊辅导说明,以此来帮助实验组的学生学到如何利用计算机学习某个科目。还需要讨论这些材料的试测情况,就像训练要求个体以一种标准方式操作这些材料一样。试测的目的是要确保这些材料在实验组实施时不会发生变异。

实验程序

具体的实验设计程序也需要确定。这一讨论包括指出实验的整体类型、举例说明实验设计的理由,提出视觉模式以帮助读者理解这些实验程序。

- 确定研究方案中所使用的实验设计类型。实验中已有的类型是前实验设计,真实验、准实验设计以及单一被试设计。在前实验设计中,研究者研究了一个单一组,并且提出了实验中的干预,和实验组相比,这一设计没有控制组;在准实验设计中,研究者使用的是控制组和实验组,而没有把参与者进行随机分组(例如,对研究者而言可能是完整的组);在真实验中,研究者对参与者进行随机抽样分组。单一被试设计或 1/N 设计,包括了对单一个体(或少量个体)进行全程行为观察。
- 明确实验中需要进行比较的内容是什么。在许多被称为参与者间(between-subject)设计的类型中,研究者要在两个或多个组之间进行比较(Keppel, 1991; Rosenthal &Rosman, 1991)。例如,一个析因设计实验(factorial design experiment),小组间设计的一个变式包含了使用两个或更多的处理变量,以此来检查处理变量对实验结果的独立影响和同时影响(Vogt,1999)。研究者对行为研究设计的广泛运用,不仅探索了每一处理会独立发生的影响作用,而且探索了联合变量的影响作用。因此,研究者们提出了富有启迪的多维观点(Keppel,1991)。在其他一些实验中,研究者只研究一个被称为组内设计的小组。例如,在一个重复测量设计中,参与者在实验中的不同时间段被分配到不同的处理中。另一个组内设计的个案应当是以单一个体行为的全程研究,在实验中,在不同的时间段,实验者时而实施、时而限制处理,以观察它们的影响。
- 通过一个图表或图形来阐述一个要用到的具体研究设计。在这一图中,需要一个标准的符号系统。我推荐使用这样一个具有代表性的符号系统,这些符号是由坎贝尔和斯坦利提出来的(Campbell & Stanley,1963,p.6),如下所示:

—— X 代表实验变量或事件对一个实验组的影响,其有效性有待测量。

—— O 代表通过工具所记录的观察值或测量值。

—— 同一行的 X's 和 O's 是用在同一个特定个体身上的。位于同一列或互成垂直位置的 X's 和 O's 是同时发生的。

—— 从左到右的顺序显示了实验过程在时间上的顺序(有时以箭头符号来表示)。

—— 符号 R 表示是随机分配。

—— 用一条水平的虚线分隔开来的两平行组表示比较组之间不是相等的随机分配(不能换算)。两组间没有水平的虚线表示个体是被随机分配到各处理组的。

在下面的例子中，这些符号被用来说明前实验、准实验、真实验和单一被试设计。

例 9.2 前实验设计

- 单一个案研究（One-Shot Case study）

这个设计是接受实验处理后再进行测试的一组。

A 组　　　X ———— O

- 单组前测—后测设计（One-Group Pretest-Posttest Design）

这个设计是对单一组先进行前测，再进行实验处理，然后进行后测。

A 组　　　O_1 ———— X ———— O_2

- 静态组比较或非对等组后测设计（Static Group Comparison or Posttest-Only With Nonequivalent Groups）

实验者在操作了一个实验处理之后才使用这个设计。在实验处理之后，研究者选出一个对照组，并且给实验组和对照组都提供一个后测。

A 组　　　X ———— O

- - - - - - - - - - - - - - -

B 组　　　　———— O

- 与非对等组进行不同实验处理的后测设计（Alternative Treatment Posttest-Only With Nonequivalent Groups Design）

这一设计用了与静态组比较设计基本相同的程序，只是非对等的对照组接受了一个不同的实验处理。

A 组　　　X_1 ———— O

- - - - - - - - - - - - - - -

B 组　　　X_2 ———— O

例 9.3 准实验设计

- 非对等（前测和后测）控制组设计［Nonequivalent（Pretest and Posttest）Control-Group Design］

在这个设计中，用了准实验的一个常用的方法——以非随机分配的方式选出实验组 A 和控制组 B，每一组都进行前测和后测，只有实验组接受实验处理。

A 组 O ———— X ———— O

B 组 O ———————— O

• 单组时序设计(Single-Group Interrupted Time-Series Design)

在这个设计中,研究者记录了单组在接受实验处理前后的测试结果。

A 组 O—O—O—O—X—O—O—O—O

• 控制组时间序列设计(Control-Group Interrupted Time-Series Design)

这是在单组时序设计基础上的一个改变。在这个设计里,对非随机分配的两组参与者进行全程观察,只让其中一组接受实验处理(也就是 A 组)。

A 组 O—O—O—O—X—O—O—O—O

B 组 O—O—O—O—O—O—O—O—O

例 9.4 真实验设计

• 控制组前测后测设计(Pretest-Posttest Control-Group Design)

它是一个传统的、经典的设计。这个实验过程的两组参与者是随机分配的,两组都接受前测和后测,但是只有实验组 A 接受实验处理。

A 组 R ———— O ———— X ———— O

B 组 R ———— O ———————— O

控制组后测设计(Posttest-Only Control-Group Design)

这个设计对采用前测可能引起令人混淆的影响进行了控制,并且这是个普遍应用的实验设计。参与者被随机分配到各组中去,只对实验组进行实验处理,每个组都要进行后测。

A 组 R ———— X ———— O

B 组 R ———————— O

• 所罗门四组设计(Solomon Four-Group Design)

这是 2×2 因素设计的一个特例。这个实验过程中的参与者被随机分配到四组中去。四个组所接受的前测和实验处理都是不同的。每组都接受后测。

A 组	R ——	O ——	X ——	O
B 组	R ——	O ——	——	O
C 组	R ——	——	X ——	O
D 组	R ——	——	——	O

例 9.5　单一被试设计

- A—B—A 单一被试设计

这个设计要对单个个体进行多次测试,以建立单个个体的目标行为,并且把它作为基线行为。一旦形成了这个基线,研究者就进行实验处理,结束实验处理之后继续进行全程观察。

基线 A　　　　实验处理 B　　　　基线 A

X—X—X—X—X—X

O—O—O—O—O—O—O—O—O—O—O—O—O—O—O—O

效度的干扰因素

存在着几个对效度的干扰因素。这些干扰因素会导致一些潜在的问题,其中包括实验者是否具备断定干预影响结果的能力。研究者需要鉴别实验内在效度的干扰及其与研究设计类型的关联。内在效度的干扰因素是由于实验过程、实验处理、参与者的经验而影响研究者从实验数据中获取正确推论能力的实验过程、处理或参与者的经验。这些干扰包括使用了不恰当的实验过程(如在实验中改变了工具)或在实验处理中不恰当的影响或问题(如当实验组和控制组成员互相交谈时的扩散影响)。这些干扰也有可能是源于参与者的性格特点(如参与者在实验中更成熟,改变了他们的观念或变得更聪明或更有经验)。

研究者同样需要明确影响外在效度的潜在干扰。当研究者把从样本数据中获取的不正确的推论用于其他人、其他环境以及过去的或将来的情境时,外在效度的干扰因素就产生了。例如,当研究者的概括超过了实验组,而包括了研究之外的族群或社会团体时,外在效度的干扰就产生了。

在方法论部分需要提到的其他干扰还有对统计结论效度的干扰。当研究者由于欠缺统计能力或违背统计假设,从数据中进行了不正确的推论时,这个干扰就会产生。当研究者使用不恰当的定义和变量测量时,结构效度干扰也产生了。

像内在和外在的效度干扰一样，研究者要在研究方案中写出这些干扰，要求通过参考如库克和坎贝尔（Cook & Campbell，1979）的方法类著作或里查德和马克（Reichardt & Mark，1998）的讨论，首先鉴别出这些干扰。许多方法论研究著作里也识别和讨论了这些干扰（Creswell，2002；Tuckman，1999）。

过 程

在研究方案中要描写出实验操作的详细过程。读者应当能够看到所使用的设计、观察结果、处理过程以及活动的时间安排。

- 讨论实验过程进行的每一步。例如，博格和高尔（Borg & Gall，1989，p. 679）概述了用在实验控制组前测后测设计过程中具有代表性的六步：

1. 对研究参与者实施因变量或与因变量紧密相关的变量的测量。
2. 基于在第一步中对参与者测得的记录对参与者进行匹配。
3. 把匹配好的每对参与者随机分配，一个分配到实验组，另一个则分配到控制组。
4. 对实验组进行实验处理，对控制组进行非实验处理或进行另外的处理。
5. 对实验组和控制组的因变量进行测量。
6. 用统计显著性差异来比较实验组和控制组在后测上的成绩差异。

统计分析

告诉读者实验中会用到的统计分析的类型。

- 提出在实验设计的前测或后测上的观察、测量结果的描述性统计。这些统计量有平均数、标准差和区间（range）。
- 指出用来检查研究假设的推断统计检验。对于自变量有类别信息（组）并且因变量有连续信息的实验设计，研究者用 t 检验或方差分析（ANOVA），协方差分析（ANCOVA）或多变量方差分析（MANOVA——多因变量测量）。在因子设计中，方差分析的交互作用和主效应都在使用。当前测或后测的数据明显地背离正态分布时，则用非参数统计检验。
- 对于单一被试研究设计，用线形图来作基线，实验处理的观察时间作横坐标（水平轴），单位为时间；纵坐标（垂直轴）是目标行为。每个数据点都分别绘制在图上，并用线段连起来（S. B. Neuman & McCormick，1995）。有时候，尽管可能违反自变量测量的假设，但统计显著性检验，例如 t 检验，还是被用来对基线和实验处理阶段的均值进行比较(Borg & Gall,1989)。

例9.6 实验法节选

下面是从恩斯和哈克特(Enns & Hackett,1990)的一个准实验研究中节选出来的一节(使用得到许可),这个研究展示了实验设计中的很多成分。他们研究了一个普遍性问题,即从对待女权主义的态度这一维度对咨询者和咨询师进行匹配的问题。他们假设女权主义者比非女权主义者更应该接受一个激进的女权主义咨询师,并且非女权主义者应该更接受一个非性别歧视和开明的女权主义咨询师。除了对数据分析进行了讨论之外,他们的实验方法还包括了一个优秀的实验研究所应具备的要素。

参与者

参与者是150个在校女大学生,她们都是在西海岸一个中等规模大学和社区学院里修读社会学、心理学和传播学课程的低年级和高年级学生……**(作者描述了这个研究中的参与者)**

设计和实验操作

这个研究用了一个3×2×2因子设计:咨询师的倾向性(非性别歧视—人道主义者、开明女权主义者,或激进的女权主义者)×价值观的表现(内隐的或外显的)×参与者对女权主义的态度(女权主义者或非女权主义者)。在特殊项目上偶然遗失的数据通过一个配对状态删除程序来处理。**(作者说明了整个的设计)**

三个咨询情境:非性别歧视—人道主义者、开明的和激进的女权主义者,通过记录在10分钟录像带里的女咨询师和女咨询者之间的第二次咨询过程来表现……价值观内隐的情境只用了抽样访谈,咨询师的价值观隐含在她的回答中。价值观外显的情境通过在三个咨询情境中附加2分钟的介绍来实现,咨询师向咨询者描绘了她的咨询方法和相关的价值观,包括对于这两种女权主义做出关于她自己的女权主义哲学倾向:开明或激进的描述……三个咨询记录最初是在非性别歧视—人道主义、开明的和激进的女权主义三者之间的偏见和咨询暗示的基础上形成的。倾向表述和每个访谈的结果都保持不变,但是咨询师的回应随方法的变化而不同……**(作者描述了三个不同情境的实验处理变量在研究中的操作情况)**

工 具

操作评定量表。为对参与者实验情况的考察和对参与者对这三个咨询师理解相似性的评估，对贝利曼—芬克和弗尔德伯(Berryman-Fink & Verderber,1985)的女权主义归因量表(ATF)的两个分量表进行了修订，使用了咨询师描述问卷(CDQ)和个人描述问卷(PDQ)。……贝利曼—芬克和弗尔德伯(Berryman-Fink & Verderber,1985)指出这两个分量表的原始版本的内部一致性信度是0.86和0.89……(**作者讨论了实验工具和测量因变量的量表的信度**)

过 程

所有实验都是个别进行的。实验师——一个读咨询心理学的高年级博士生——对每个被试表示欢迎后，解释研究的目的是评价学生对咨询的反应，并且用ATF。当每个被试填好一个人口统计学的表格并通过看的录像带回顾了一系列的指示后，便收集ATF并记分。前一半样本被随机分配到12个录像带中的一个(3个方法×2个价值观陈述×2个咨询师)，在ATF上得到一个中位数。用前一半被试的中位数来对后一半被试进行分类，分为女权主义者或非女权主义者，并且根据提示，参与者被随机分配到不同于每个女权主义倾向组的情境中，以确保小组规模相等。最后核查样本的中位数，一些被试通过最后的中位数被再次分类，从而使得每个小组有12或13个参与者。

在看了分配情况的录像带之后，参与者完成因变量测量并被询问(pp. 35-36)。(**作者描述了实验过程**)

小 结

这一章指出了设计调查或实验研究方法步骤的构成要件。调查研究步骤的概述从讨论调查目的开始，然后是确定研究的总体和样本、调查使用的工具、变量关系、研究的问题、调查的具体项目、在分析调查数据时采取的步骤。在实验设计中，研究者要确定研究的参与者、变量——处理条件和结果变量、前测后测所用的工具和实验处理中所用的材料。实验设计也包括实验的类型，如前实验、准实验、真实验或单一被试设计。利用适当的符号图表能说明实验的设计。接下来讲解了对内在和外在效度(可能还有统计与结构效度)的潜在干扰，这些干扰与实验和用来检验实验假设或研究问题的统计分析有关。

写作练习

1. 设计一个调查研究过程的计划，写完后，对照表 9.1 以确定是否包括了所有的构成要素。

2. 设计一个实验研究过程的计划。写完后，参照表 9.3 以确定是否包括了所提到的所有问题。

阅读推荐

- Babbie, E. (2001). *Survey research methods* (9th ed.). Belmont, CA: Wadsworth.

巴比写了一部涵盖调查设计的所有内容的完整而详细的著作。他考察了研究设计的类型、抽样的逻辑，以及设计的实例。他也讨论了调查工具和量表的概念化问题，提出了有助于问卷实施和结果处理的观点，以及对建构及理解表格和写作调查报告关注的数据分析的讨论。该书内容详实、信息丰富，是为具有中上调查研究水平的学生而写的。

- Campbell, D. T., & Stanley, J. C. (1963). Experimental and quasiexperimental designs for research, In N. L. Gage (Ed.), *Handbook of research on teaching* (pp. 1-76). Chicago: Rand-McNally.

盖奇的"手册"中有一章是关于实验设计的经典叙述。坎贝尔和斯坦利设计了现在仍在广泛使用的实验符号系统，他们也改善了实验设计的类型，包括的内容有：内在和外在效度的干扰因素，前实验设计类型、真实验设计、准实验设计、关联及事后追溯设计。这一章对实验设计的类型、效度的干扰、检验设计的统计过程做了很好的总结。对于初学实验设计的学生来说，这一章是必读章节。

- Fink, A. (1995). *The survey handbook* (Vol. 1). Thousand Oaks, CA: Sage.

这是由芬克编著的称作"调查配套工具"九卷本中的第一卷。作为九卷本的一个导言，芬克讨论了调查研究的所有方面，包括如何提出问题、如何进行调查、如何进行电话访谈、如何抽样、如何进行效度和信度检测。许多讨论都是针对初学调查的研究者。书中还列出了许多实例和图解。这是一本学习调查研究的基础性的工具书。

- Fowler, F. J. (2002). *Survey research methods*. (3rd ed.). Thousand Oaks, CA: sage. ①

① 本书中文版已由重庆大学出版社出版(孙振东等译)，详见"万卷方法"。

弗洛德·福勒提供了关于调查研究设计决策的优秀著作。他提出了选择性抽样程序的应用、缩减无回应率的方法、数据收集、优秀问题设计、应用语音访谈技术、调查分析的准备,以及调查设计中的伦理问题。

- Keppel,G. (1991). *Design and analysis:A researcher's handbook*(3rd ed.). Englewood Cliffs,NJ:Prentice-Hall.

杰弗里·凯佩尔为从实验设计的处理原则到实验数据的统计分析设计提供了详细、全面的论述。整体而言,该书是为正在对实验设计和统计分析寻求理解的中上等水平的学生而写的。其导言部分对实验设计的构成提供了丰富的论述。

- Lipsey, M. W. (1990). *Design sensitivity: Statistical power for experimental research.* Newbury Park,CA:Sage.

马克·利普西写了一本关于实验设计及其统计功效为主题的专业书。它的基本前提是,实验需要具有足够的敏感,能够检测出实验所产生的影响作用。这本书探索了统计的功效,并设计了一个能够帮助研究者确定实验分组大小的表格。

- Neuman, S. B., & McCormick, S. (Eds.). (1995). *Single-subject experimental research: Applications for literacy.* Nework, DE: International Reading Association.

苏珊·纽曼和桑德拉·麦考米克针对单一被试的研究设计,编辑了一个实用的指南。他们列举了许多不同类型的设计实例,例如,逆向设计和多元基线设计。他们还列举了单一被试资料分析的统计程序,例如,其中一章阐述了在线型图表上显示数据资料的习惯用法。虽然这本书多数是引用已有文献中的应用程序,但它却在社会学和人类学方面对此作出了更多的扩展性研究。

第 10 章　定性研究的路径与方法

定性研究与定量研究具有明显的差异。定性研究运用了不同的知识观、研究策略和数据收集与分析方法。虽然在过程上有相似之处,但定性研究依赖于文本和图像资料,在数据分析上有其独特的手段,并吸收了多种研究策略。

事实上,定性研究方案中研究策略的选择将对研究过程产生深刻的影响。这些步骤,甚至策略都是根本不一致的。纵观定性研究的整个过程,其视角范围涵盖了从后现代思想(Denzin & Lincoln,2000)到意识形态视角(Lather,1991)、哲学立场(Schwandt,2000)、系统化程序原则(Creswell,1998; Strauss & Corbin,1998)等多种观点。所有的视角都试图在这个所谓的"定性"研究的开放模式中赢得中心地位。

本章试图寻取一个中庸之道,提出一般性步骤,并用大量例证来说明研究策略的变化。这一论述吸收了很多学者关于定性研究方案设计的思考(Berg,2001; Marshall & Rossman,1999; Maxwell,1996; Rossman & Rallis,1998)。方案中各个步骤的主题分别是:定性研究的特征、研究的策略、研究者的角色、数据收集与分析的步骤、有效性策略、结果的精确度以及叙事结构。表 10.1 是设计定性研究步骤的问题一览表。

表 10.1　设计定性研究步骤的问题一览表

——是否提及了定性研究的基本特征？
——是否提及了在研究中将要采用的定性研究策略的具体类型？是否提及了此策略的历史、解释和应用状况？
——读者是否明白研究者在研究中的角色（过去的经验、与研究地点及其民众的个人关系、获取准入的措施以及敏感的伦理问题）？
——是否确认了对研究地点和个体的目标抽样策略？
——是否提及具体的数据收集模式以及将要运用的基本原理？
——是否提及在数据收集过程中记录信息（如协议）的步骤？
——是否确定了数据分析的步骤？
——是否已有证据表明研究者已经组织好用于分析处理的数据？
——研究者是否已广泛地查阅了资料以获取对信息的判断？
——是否已对数据进行了编码？
——在形成描述或确定主题时有没有进行编码？
——主题间是否相互关联以展现更高层次的分析和抽象过程？
——是否提及了展示数据的方式——表格、图表和数字？
——用于解释分析的基础（个人经历、文献、问题、行动日程）是否已经被具体化？
——研究者有没有提及研究的结果（建立一个理论，或提出一个综合的主题图）？
——是否有多种策略被引用来确证研究结果？

定性研究的特征

多年来，研究方案的撰写者都不得不论述定性研究的特征，以使学界同仁和读者相信其合理性。目前，学界就定性研究的构成问题达成了一致，这样的讨论也就不再需要了（弗林德斯和米尔斯可能不同意这一点）（Flinders & Mills, 1993）。因此，我对这一部分的建议是：

- 评估潜在读者对方案的需要。判定读者关于定性研究特征的了解是否已足以使这部分没有存在的必要。
- 如果他们在知识上还存有问题，那么在方案中提出定性研究的基本特征，并尽可能地讨论近期的定性研究期刊文章（或研究），以此作为说明这些特征的例证。

- 尽管有许多种可采用的特征列表(Bogdan & Biklen,1992; Eisner,1991; Marshall & Rossman,1999),但我更喜欢罗斯曼和拉里斯(Rossman & Rallis,1998)对定性研究特征的论述。因为他们既采纳了传统的定性研究视角,又应用了新的辩护式、参与式及自我反思视角。在罗斯曼和拉里斯(Rossman & Rallis,1998)观点的基础上,我认为定性研究具有以下这些特征:

——定性研究在自然场所中进行。定性研究者经常进入参与者的场所(家、办公室)进行研究。这可使研究者深入个人或住所的细节层次,并体会到参与者的真实体验。

——定性研究采用了交互式的和人本主义的多种方法。数据收集方法正不断发展,他们越来越积极地参与到研究中,对参与者也越来越敏感。定性研究者在数据收集的过程中寻求介入参与者的活动,并且在研究中力图与个体建立和谐和信任。他们并不过多地干扰研究场所。此外,在仍然依靠开放式观察、访谈和文献传统的数据收集方法之外,现行还包括了获得大量的系列材料的方法,如录音、电子邮件、剪贴簿以及其他新兴方法(见本章数据收集方法)。数据收集包括文本(或语词)数据和影像(或图片)数据。

——定性研究是自然浮现的,而不是有严密的预测。许多方面的问题只有在定性研究过程中才会显露出来,因此,研究者可能会改变和精炼研究的问题,并会根据自己对"要询问什么"和"要询问什么人"有不断深入的认识。数据收集的过程可能会随着收集渠道的"开关"而变化,研究者要知道那些能了解到所关注的中心现象的最好的研究场所。所理解的理论或一般模式将会从其最初的编码中浮现,并由此发展为更广泛的主题,与扎根理论或广泛的解释相结合。这些开放性研究模式的诸多方面,使得研究者在研究的早期或方案中很难预见定性研究的结果。

——定性研究从本质上说是解释性的。这意味着研究者要对数据做出解释,包括对个体或环境进行描述,对主题或范畴进行数据分析,最后对其个体的或理论的意义做出解释或结论,陈述研究者获得的经验,并进一步提出问题(Wolcott, 1994)。这也意味着研究者以植根于特定的社会政治背景与历史条件的个人观点来过滤数据。任何人都会不可避免地要将个人见解带入定性研究的数据分析中。

——定性研究者对社会现象进行整体性观察。这就是为什么定性研究总是着眼于广阔的、全景性视野而不是仅仅局限于微观的分析。叙事越复杂,越具交互性、包容性,定性研究就会越好。处理过程或中心现象的多层面可视模型可以帮助研究者建立这一图景(Creswell & Brown,1992)。

——定性研究者在研究中进行系统性的思考,对他或她的个人传记及将如何塑造这个研究很敏感。这些对偏见、价值观和利害关系[或自反性(reflexity)]的内省和认知代表了当今定性研究的发展特征。个体(personalself)与研究者(researcher-self)已变得不可分离,这同样表现了研究的真实性与开放性,认识到所有的研究都是有价值趋向的(Metens,2003)。按照程序,个体反思的陈述一般会放在"研究者角色"部分(见本章后部分的主题讨论)或是方案的结尾部分(Asmussen & Creswell,1995),或者贯穿在一个方案或研究中。

——定性研究者使用多面的、反复的和同步的复杂推理。虽然推理大多是归纳性的,但其实归纳法和演绎法都在起作用。思考的过程同样是反复的,总是从数据收集与分析到问题的重构周而复始地循环往复。收集、分析和补写数据也是同步进行的。

——定性研究者采纳并使用一种或几种研究策略作为定性研究步骤的指南。对初学者而言,可以只使用一种策略,查询最近关于研究步骤的书,以此作为指导,从而学会如何设计一个方案和实施策略的步骤。

研究策略

在这些一般特征之外,就是具体的研究策略。这些策略集中在数据的收集、分析和撰写上,但它们源于各种准则并贯穿于整个研究过程(如,问题的类型、伦理观念的重要性问题)(Creswell,1998)。目前存在许多种策略,如泰什的28种方法分类(Tesch,1990)、"沃尔科特树(Wolcott's tree)"的19种类型(Wolcott,2001)和克雷斯威尔的5种"传统"研究方法(Creswell,1998)。正如第1章谈及的,我建议定性研究者可以从五种可能的方法中选择,即叙事法、现象学、民族志、个案研究和扎根理论。我对这几个方面提不出权威性支持,但我看到这五个方面的内容经常被运用到当前的研究中。例如,研究者需要研究个体(叙事法、现象学),探究过程、活动和事件(个案研究、扎根理论)或了解个体或组群的文化共享行为(民族志)。

在撰写定性研究方案步骤时,我建议做好以下工作:

- 确定将要使用的具体研究策略。
- 提供关于此种策略的背景信息,如其学科起源、策略运用及其简洁定义(参见第1章提出的五种研究策略)。
- 讨论在本研究方案中采用这一策略的可行性。
- 确定策略的使用将如何形成问题类型(Morse,1994,与策略有关的问题)、数据收集形式、数据分析步骤及总结陈述。

研究者的角色

正如在研究的特征中提到的,定性研究是一种解释性研究。这通常要求研究者潜心于参与者持续的真实的经验之中,这就给定性研究过程划定了一个策略性的、伦理的和个人观念的范围(Locke et al. ,2000)。根据这些认识,研究者就能清楚地识别其研究主题与过程中的偏见、价值观和利害关系。研究地点的准入和研究中可能引发的伦理观念问题,同样也是研究者角色的组成部分。

- 对已有经验的陈述提供了背景数据,读者可以据此更好地理解研究的主题、环境或参与者。
- 说明研究者、参与者与研究地点之间的联系。“后院(backyard)”研究(Glesne & Peshkin,1992)涉及对研究者自己的组织、朋友或直接工作场所的研究。这通常会使研究者在发现信息的能力和解决困难的力量之间形成一种妥协。虽然,数据收集可能会很方便和容易,但数据的呈现却可能是有失偏颇、不完整或是道听途说的传闻。如果必须采用“后院”研究,就应该采用多种有效策略(正如后文所述)确立文本结果的精确性,以给读者较高的信度。
- 执行向制度审查委员会(IRB,见第1章)报批的步骤,以保护参与者的人权。要把IRB的许可批文作为方案的附件并对其步骤进行讨论。
- 讨论用于获准进入研究地点的步骤和进行信息及情境研究的可靠保障,(Marshall & Rossman,1999)。寻求“看门人(gatekeeper)”的同意对于争取进入档案管理场所或进行研究至关重要,因此,有必要建立一个简要的方案并提交给“看门人”检查。博丹和拜克伦(Bogdan & Biklen,1992)就这个方案提供了相关的主题:

——为什么要选择这一场所进行研究?
——在研究期间,该场所将会有什么活动?
——研究是否会失败?
——将如何报告研究结果?
——“看门人”可以从研究中获得什么益处?

- 说明研究中可能出现的敏感的伦理问题(见第 1 章,及 Berg,2001)。讨论将如何对提出的每一个伦理问题予以处理,比如,研究一个敏感主题时,就有必要对人名、地名和行为进行模糊处理,在这种情况下,就要求在方案中讨论这个模糊处理的过程。

数据收集步骤

对研究者角色的说明为数据收集的讨论提供了平台。数据收集步骤包括为数据收集设定边界,通过非结构式(或半结构式)观察、访谈、文献、影像材料,以及用于记录信息的备忘录等方式来收集信息。

- 有目的地为研究选取研究场所和个体。就像通常在定量研究中所见到的那样,定性研究的理念是有目的地选取那些最能帮助研究者理解课题和研究问题的参与者或研究场所(或文献、影像材料)。迈尔斯和休伯曼(Miles & Huberman,1994)认为对参与者和研究场所的讨论应该包括四个方面:场所(研究的发生地)、参与者(被观察或访谈的对象)、事件(对参与者的观察或访谈活动)和过程(在场所内参与者所从事的事件的发展状态)。
- 此外,指出数据收集的类型或数据类型。在许多定性研究中,研究者收集多种形式的数据,并花大量的时间搜集自然状态下的信息。如表 10.2 所示,定性研究的数据收集过程包括四个基本类型:

表 10.2　定性数据收集的类型、选项、优势和局限

数据收集类型	类型的选项	类型的优势	类型的局限
观察	• 完全的参与者:隐蔽的研究者角色 • 作为参与者的观察者:已知的研究者角色 • 作为观察者的参与者:观察角色次于参与者角色 • 完全的观察者:研究者只观察不参与	• 研究者有对参与者的第一手经验 • 研究者可以根据展现的信息做记录 • 观察中会注意到不寻常的现象 • 在讨论那些可能使参与者感到不自在的话题时有用	• 研究者可能被看做入侵者 • 可能观察到研究者不能公开的“个人”信息 • 研究者可能不具备处理和观察的优秀技能 • 在获得融洽的关系上,与特殊的参与者(如儿童)相处可能存在一些具体的问题
访谈	• 面对面:一对一,个人访谈 • 电话:研究者通过电话访谈 • 组群:研究者对参与者进行集体访谈	• 不能直接观察参与者时十分有用 • 参与者可以提供历史性信息 • 允许研究者“控制”问题的底线	• 被访谈者把观点过滤成了“非直接”信息 • 提供的是指定“地点”而非自然状态场所的信息 • 研究者的到场可能使参与者的回应出现偏差 • 人们并非具备同等的表达能力和理解力

续表

数据收集类型	类型的选项	类型的优势	类型的局限
文献	• 公众文献:会议记录和报纸 • 私人文献:如日志、日记和信件 • 电子邮件	• 使研究者可以获得参与者的言辞 • 研究者可在方便的时间接近不容易看到的信 • 提供的数据都是参与者深思熟虑用心概括的 • 作为书面证据,研究者节约了时间和转录的花费	• 可能难以获得公众或私人的保守信息 • 要求研究者在难以发现的地方搜寻信息 • 要求转录或浏览电脑信息 • 材料可能不完整 • 文件不可信或不准确
视听材料	• 照片 • 录像带 • 艺术品 • 电脑软件 • 电影	• 是一种相对隐蔽的数据收集方法 • 提供了一个让参与者直接分享其“真实”的机会 • 在吸引视觉注意力上具有创造性	• 可能难于说明 • 可能不为公众或私人接受 • 观察者的出现(如摄影师)可能打扰和影响参与者的回应

注:本表材料源自:Merriam(1998), Bogdan & Biklen(1992), Creswell(2002)。

——观察。研究者在研究场所对个体的行为和活动作田野记录(field-note)。在田野记录中,研究者采用非结构式或者半结构式(采用预先准备好了的研究者想了解的问题)方法,把在研究地点的活动记录下来。定性研究者的角色可能从一个非参与者转换到完全参与者。

——访谈。研究者可以采用与参与者面对面的访谈、电话访谈或每组寻找6~8名访谈对象进行小组集体访谈等形式。这些访谈包括非结构式访谈和极少量的试图从参与者那里得出一些观点和看法的开放式问题。

——文献。在研究过程中,定性研究者可能要收集文献资料。这可能是公众文献(如报纸、会议记录、政府报告)或私人文献(如个人日志、日记、信件、电子邮件)。

——视听材料。这是定性数据收集方法的最后一种。这类数据可能是照片、艺术品、录像带或其他音像制品。

- 就像表10.2所讨论的,在讨论数据收集的形式时,应对其类型及其优势和局限作具体分析。
- 除了典型的数据收集类型:观察和访谈之外,有些特殊的形式可以激起读者的兴趣,还有可能收集到观察法和访谈法有可能遗漏的有用信息。例如,在一个访谈中可以使用表10.3中提出的数据类型概要来延展对可能性的想象,譬如搜集声音或味道,或在访谈中通过令人产生好奇心的题项提炼意见。

表10.3 定性数据收集方法列表

- 通过作为一个参与者进行观察,汇集观察记录
- 通过作为一个观察者进行观察,汇集观察记录
- 进行非结构式、开放式访谈,并进行访谈记录
- 进行非结构式、开放式访谈,进行访谈录音,并转录成文字材料
- 在研究中坚持写研究日志
- 让参与者在研究中坚持写研究日志
- 浏览报纸报道
- 收集参与者的私人信件
- 分析公众文件(如行政备忘录、会议记录、案卷、档案材料)
- 查看自传和传记
- 让参与者撰写自传
- 研究者本人撰写自传
- 让参与者拍照或拍录像(即通过照片导出真实情况)

- 细查物理痕迹的证据(如雪地里的脚印)
- 录制一个社会状况或个人/组群的录像
- 细查照片和录像带
- 收集声音(如音乐、孩子的笑声、汽车喇叭声)
- 收集电子邮件或电子信息
- 细查访谈中有助于提炼出观点的物品和仪式对象
- 通过接触收集气味、味道或感觉

注:选自 Creswell(1998)和 Creswell(2002)。

数据记录步骤

在进入实地研究前,定性研究者先要设计记录数据的方法。方案中必须明确研究者将记录何种数据和记录数据的步骤。

- 用观察草案(observational protocol)记录观察数据。在定性研究过程中,研究者经常运用多种观察法并采用某种草案或形式记录信息。这种观察草案可能是单独一张纸,在中间划一条分界线将描述性记录(参与者的特征、对话的结构、场所的描述、特殊事件或行为活动的记述)和反思性记录(研究者个人的思考,如"思索、感觉、疑问、观点、预感、印象和见解")(Bogdan & Biklen,1992,p. 121)区分开来。对人口统计信息的时间、地点及实地观察的日期等可以同样的形式撰写。
- 在定性访谈中,要用访谈草案记录信息。该草案包括以下组成部分:标题、访谈导语(开场白),研究的关键问题,关键问题之后的探究,转达给访谈者的信息,访谈者写评论的空间,以及研究者记录反思性注释的空间。
- 研究者通过手写记录、录音带、录像记录访谈信息。访谈中,如果记录仪器失效的话,研究者应做好事件记录。在计划中提出是否需要一位根据录音打字的打字员也很重要。
- 文本和可视材料的记录应基于研究者的记录结构。一般而言,记录反映出的文本或其他材料的中心思想应与文本是一样的。文本有助于标明信息表现的是第一手材料(如直接从民众或研究中得来的信息)还是第二手材料(如其他人撰写的关于民众或研究情形的二手说明)。

数据分析与说明

分析数据的计划由多个部分组成。数据分析过程实际是从文本和图像数据中提炼认识的过程。它包括以下几个方面:准备待分析的数据,实施不同的分析,逐步深入地理解数据、描绘数据,并对数据所隐含的大量意义进行解释等。有几个一般性的步骤应当在方案中加以陈述,以表达对整个定性数据分析活动的认识,下面的内容是从我自己的思考以及罗斯曼和拉里斯(Rossman & Rallis,1998)论述中概括出来的:

- 它是一个在整个研究中不断进行数据反思、提出分析问题、拟定备忘录的连续过程。它并不能与研究中别的过程,如数据收集或叙述研究问题等明确地分开。
- 数据分析与说明的过程大部分都是使用开放性数据。这就要求研究者要提出一般性的分析问题,并从参与者提供的信息中展开分析。
- 在一般方法之外,研究者必须为定性研究策略的具体类型制作数据分析(Creswell,1998)。比如,扎根理论有系统化的步骤(Strauss & Corbin,1990,1998),包括进行信息分类(开型编码,open coding),选一个类型并将其定位于一个理论范式之中(轴型编码,axial coding),然后说明这些类型的关联(选择性编码,selective coding)。个案研究和民族志研究涉及对研究场所或个体的具体描述,并继之以对主题或论点的数据分析(Stake,1995; Wolcott,1994)。现象学研究使用了重点陈述分析,催生意义单元,进行"本质"描述(Moustakas,1994)。叙事性研究采用了重述参与者故事,结构包括情节、背景、活动、高潮和结局等(Clandinin & Connelly,2000)。这些事例说明,过程与术语一样,不断地在一种分析策略与另一种分析策略之间变换。

尽管不同的设计类型所使用的分析各不相同,但定性研究者还是提出了研究方案中数据分析的一般步骤,理想的状况是将这个一般步骤与具体的研究设计步骤相结合。一般步骤包括以下内容:

- 第一步,数据分析的组织和准备。这包括转录访谈,浏览材料,打印田野记录或依据信息来源将数据拣选、排列在不同类型之中。
- 第二步,通读数据。其首要环节是获取信息的大体意义(general sense)并据此反思其总体意义。参与者所说的主要意见是什么?参与者提出这些意见时是什么语气？对信息的深度、可信度和用途的整体印象如何？在这一步中，有时定性研究者会在页边做旁注或者对数据提出一个大体的想法。

- 第三步，详细地分析和编码。“编码”是指在把意义带入“模块(chunks)”前把材料纳入“模块”的组织步骤(Rossman & Rallis,1998,p. 171)。它包括把文本数据、图片、句子(或段落)或图像进行分类，并用特定的术语将其标示出来，这个术语通常是基于参与者的真实语言[称为有机(in vivo)术语]。

在进入第四步之前，让我们先看一些可能为编码过程提供具体指导的评论。泰什(Tesch,1990,pp. 142-145)提出了一个有用的分析过程，分为八步：

1. 获取大体意思。仔细阅读抄本，记录下可能在大脑中一闪而过的想法。

2. 随便拣一份文件(如一次访谈记录)，如最有趣的、最短的或一堆文件中最上面的那份，将其浏览一遍，然后问自己“这究竟讲的什么？”不要考虑信息的“实体(substance)”，而是想想其潜在意义，并在页边空白处写下你的想法。

3. 当你这样处理完几个信息后，列出所有话题。将相似的话题串在一起，按照主要话题、特别话题及其他话题等分类，并将相关话题列为不同的专栏。

4. 根据这个清单对照数据。将话题缩略为代码，并将代码写在文中就近的一个片段里。试着列出一个预备性组织方案，看能不能产生新的类型或代码。

5. 为你的话题找一个最恰当的词汇并将其归类，通过把相关话题统一为一个话题组来简化你的类型总表。也可以在类别间连线以显示其关联。

6. 确定缩减后的类别总数，将其代码按字母表顺序排列。

7. 将属于同一类的数据材料汇编起来，做一个初步分析。

8. 必要的话，对现有数据重新编码。

这八个步骤让研究者忙于一个系统化的文本数据分析过程。这一过程也有其他的变式，如有的研究者发现在抄本中对不同的类型进行着色编码(color code)，或将不同的文本片段剪下来贴在记录卡上，也是很有效的方法。

我鼓励定性研究者分析那些特殊的数据材料，通过它们能产生读者期望见到的话题的编码、具有新奇性话题的编码和能在研究中提供大量理论视角的编码。博丹和拜克林(Bogdan,Biklen,1992,pp. 166-172)列出了他们认为可行的各类代码清单：

- 场所和背景代码
- 参与者观点代码

- 参与者考虑人和事物的方式代码
- 过程代码
- 活动代码
- 策略代码
- 关系和社会结构代码
- 预先分配代码的方案

使用代码的进一步说明:使用定性电脑软件程序可以提升这一过程的水平。这些程序现正被广泛使用(见 www. sagepub. com 中的软件产品),当定性数据库很大(如 500 页以上的转录内容),并且研究者想尽快地确定有用的引证和范畴或主题的多重视角时,这些软件就显得很有用了。就像其他软件程序一样,尽管用于程序学习的书籍随处可见,但定性研究软件程序同样要求要有一定的学习时间和技巧,以及使用的效率。

- 第四步,就像范畴或主题是用于分析的一样,编码过程是为了产生对场所或人的描述。描述包括对研究中的场所、人或事件的信息的细致解译,研究者能生成这些描述编码。这种分析法在为个案研究、民族志研究和叙事研究设计一个详细的描述上都是很有用的。然后,用这个编码来形成少量的主题或范畴,大约 5 ~7 个。这些主题是作为定性研究的主要成果之一出现,并陈述于研究成果部分的独立标题下。他们应表现出来自个体的多重视角,并被多种引文和具体证据加以支撑。

在确认编码过程的主题之外,定性研究者还可以用它来建立复杂分析的附加层(additional layer)。例如,研究者把主题与故事情节联系起来(就像在叙事法中一样)或把它发展为一种理论模式(如在扎根理论中一样)。为每一个体的或不同的个案交叉进行主题分析(如在个案研究中),或者形成一种一般的描述(如在现象学中)。复杂的定性研究超越了描述和主题确认,探究复杂的主题关联。

- 第五步,提出在定性叙事中如何呈现记述和主题。最流行的方法是用叙事性段落来陈述分析结果,这可以是按事件年表顺序进行论述,或对几个主题进行细节论述(用二级主题、具体示例、从个体中生成的多重视角和引证来完成),或者是交互式主题的论述。许多定性研究者还将图像、文字或图表等作为附件来论述,他们提供了一个过程模型(如在扎根理论中),并提出了一个具体研究场所的图解(如在民族志中),或者他们转述表中每一参与者的信息(如在个案研究和民族志中)。
- 第六步,这是数据分析的最后一步,包括对数据的“解释”或数据的意义。

“吸取了什么教训”抓住了这一观念的本质(Lincoln & Guba,1985)。这些教训可能是研究者个人的理解,表达了研究者由于自身文化、历史和经验所决定的个体理解。它同样也可以是从信息分析的结果比较中得出的意义,而这些信息是从文献或现存理论中收集得来的。这样,作者认为结果说明了过去的信息,或结果就是由过去的信息演变而来。它也可以提出需要探索的新问题,这些问题由研究者在研究的早期并未预见的数据和分析引出。沃尔科特(Wolcott, 1994)指出,民族志学者结束一个研究的方法是提出更进一步的问题。提问法同样适用于定性研究中辩护式和参与式方法。此外,当定性研究者使用理论透析时,他们能形成改革和变化行动日程的说明。因此,定性研究的阐释可以采取多种形式,适应不同类型的设计,灵活地表达个人的、基于研究的和行动的意义。

证实结果的精确性

尽管结论的论证贯穿于研究过程的各个步骤,但我在此将其单独提出来论述是为了强调其重要性。研究方案开发者需要陈述他们用在其研究中以检验研究结果精确性和可靠性的步骤。

定性研究中的效度与其在定量研究中所表达的内涵不一样,它也不是信度的伴生(如第9章所讨论的,测验回应的稳定性和一致性)或可概括性的伴生(同样如第9章所讨论的,把结果应用到新场所、人或样本的外部效度)。在一种有限的方法上,定性研究者可以使用信度来检查一个团队中几个调查者的主题的一致性。它们同样也可以把多个个案分析中的一些方面归纳迁移到另外的个案中去。但是,总之,信度和可概括性在定性研究中只是次要的。

另一方面,效度被视为定性研究的一个优势,但它是用于确定从研究者、参与者或读者的立场看研究的结果是否精确(Creswell & Miller,2000)。在定性研究中,有诸如“可信的”、“真实性”、“可靠性”等大量的术语来论及这一观点(Creswell & Miller,2000),这是一个有很大争议的话题(Lincoln & Guba,2000)。

我对研究方案提出的一个程序性观点认为,为了检测结果的精确性应当确定并探讨一个或多个有效策略。下面是按从最常用并易于操作到不常用并难于操作的方式排列的八个主要策略。

- 通过检查来自信息源的证据,对各种数据的信息来源做三角互证,并以此为主题建构一个前后一致的正当理由。

- 用人员校验法(member-checking)来确定定性研究结果的精确性。这主要是通过把最终研究报告、具体描述或者主题反馈给参与者,由参与者来决定它们是否精确。
- 通过丰富详实的描述来转述结果。这能把读者带入情境,并对其分享的体验予以讨论。
- 澄清研究者带入研究的偏见。这种自我反省能形成一个开放的、公正的叙事,使其与读者产生共鸣。
- 提出与主题背道而驰的消极信息或差异性信息,因为由不同观点组成的现实生活并不总是共生的,对读者而言,讨论与论述相冲突的信息增加了论述的可信度。
- 花费更多的时间进行田野调查。这样,研究者就能对研究中的现象提出深层次的理解,并可以通过转述研究地点和人的细节使情节叙述更可信。
- 使用对等询问法(peer debriefing)来提高叙述的精确度。这一过程包括确定一个人(一个对等的询问者),由他来检验和提出有关定性研究的问题,以使人们对这个叙述产生共鸣而不是仅与研究者共鸣。
- 借用外部审察员(external auditor)来审察整个方案。与对等询问者不同,审察员对研究者和方案来说都是陌生的,他能通过对研究过程或研究结论的检查,对方案进行评估。其角色与财政审计员相似,他也可以询问一些具体问题(Lincoln & Guba,1985)。

定性研究叙事

定性研究过程的计划应以数据分析中的叙事评论来结束。有很多叙事类型,一个学术期刊上的实例将说明这个模型。在一个研究计划中,研究者应对叙事提出几点考虑。

首先,应提出叙事的形式。这可能是一个真实的描述、田野考察体验(Van Maanen,1988)、一个年表、一个步骤模型、一个展开的故事、一个对个案或跨个案的分析或一个细节特征描述(Creswell,1998)。

在具体层面上,惯用的方式是:

- 变换使用长篇、短篇和上下文嵌套的引文
- 实地记录会话,并用不同的语言来陈述这个会话以反映文化敏感性

- 以表格形式表现文本信息(如模型)
- 采用参与者的措辞
- 将引文和(作者的)解释混编起来
- 使用版式的变化以引起对源于参与者的引文的注意
- 在叙事中使用第一人称"我"或复合代词"我们"
- 使用隐喻法(里查德曾提及这方面的内容)(Richard,1990)
- 使用在定性研究策略中通常使用的叙事法(如个案研究和民族志中的描述,叙事研究中的故事细节)。同样,要说明将如何把叙事结果与相关主题的理论和一般文献进行对比。在许多定性研究文章中,研究者在研究的结尾讨论文献问题(见第2章)

例10.1 定性研究的步骤

下面的例子是一篇博士论文方案中有关定性研究过程的部分(D. Miller,1992)。米勒的方案是对一个四年制学院院长第一年任期的民族志研究。我在讨论中,回顾了本章提到的相关部分,并用黑体字加以强调。并且,我还保留了米勒使用的"被调查人"这一术语,尽管现在我们更多使用另一更恰当的术语——参与者。

定性研究范式

定性研究范式有其文化人类学和美国社会学的根源(Kirk & Miller, 1986),最近才被教育研究者所接受(Borg & Gall,1989)。定性研究的意图是想理解一种特殊的社会状况、事件、角色、群体或相互作用(Locke, Spirduso & Silverman,1987)。这是一个大量调查研究的过程,其间,研究者通过对研究对象进行对比、比较、复制、编目和分类,来逐步了解社会现象(Miller & Huberman,1984)。马歇尔和罗斯曼(Marshall & Rossman,1989)建议选择那些最具日常生活情境的地点来研究,研究者要进入被调查人的世界并与其不断交流,搜寻被调查人所持的观点和意思。(**提及了定性研究假设**)

学者们认为根据大量内在于设计中的唯一特征可以把定性研究从定量研究方法论中区别出来。以下是不同的研究者十分清晰地提出对定性研究特征的概括:

1. 定性研究应用于人类行为和事件发生的自然情境。

2. 定性研究基于与定量研究设计非常不同这一假设,理论或假设并不能建立起预测。

3. 研究者是数据分析中主要的工具,而不是冷冰冰的机器设备(Eisner, 1991; Frankel & Wallen,1990; Lincoln & Guba,1985; Merriam,1988)。

4. 从定性研究中浮现出的数据被加以描述,即是说数据是以语言(首先是参与者的语言)或图片而不是以数字来呈现的(Fraenkel & Wallen,1990; Locke et al. ,1987; Marshall & Rossman,1989; Merriam,1988)。

5. 定性研究的焦点集中于参与者的观点、经历和他们对自己生活的看法(Fraenkel & Wallen,1990; Locke et al. ,1987; Merriam,1988)。其意图不在于了解单一的事件,而是多样的现实(Lincoln & Guba,1985)。

6. 就像关注结果或成果一样,定性研究同样也关注事情发生的过程。研究者对事情如何发生特别感兴趣(Fraenkel & Wallen,1990; Merriam,1988)。

7. 独特的解释往往被采用。换句话说,定性研究非常关注特例,并且,数据的解释往往是在个案的特例中而不是在其普遍性中被认识。

8. 定性研究是通过结果的协调而形成的浮现式设计。其意义和解释要与人文数据的来源相协调,因为它是研究者试图重建参与者的现实生活的过程(Lincoln & Guba,1985; Merriam,1988)。

9. 定性研究传统有赖于对缄默知识(直觉的和感觉的知识)的利用,因为复杂缤纷的现实的细微差别通常都能用这种方法加以鉴别(Lincoln & Guba,1985)。因此,传统意义上的"数据"是不能量化的。

10. 客观性和真实性对两种研究传统而言都是很关键的,但是判断定性研究的标准却有别于定量研究。最重要的是,研究者追求的可信性是基于一致性、洞察力、工具效用(Eisner,1991)和证实过程的真实性获得的(Lincoln & Guba,1985),而不是通过传统的信度和效度测量来寻求可靠性的。(**提及定性研究特征**)

民族志研究设计

这一研究将利用民族志研究的传统。这一设计产生于人类学领域,主要归功于马林诺夫斯基、帕克和博斯(Bronislaw Malinowski, Robert Park, Franz Boas)(Jacob,1987; Kirk & Miller,1986)。民族志研究的目的在于通过观察、访谈及其他方法从而描绘出个体的日常生活经历,获取研究中参与者的整体图景(Fraenkel & Wallen,1990)。民族志研究包括深度访谈,对参与者的持续观察(Jacob, 1987),并试图获取人们如何描述和构筑其世界的整体画面(Fraenkel & Wallen,1990)。(**作者使用了民族志方法**)

研究者角色

特别是在定性研究中,在研究开始时,研究者作为主要的数据收集工具的角色需要明确个体价值观、假设和偏见。调查者的经历可能对研究是积极的、有用的而非有害的(Locke et al. ,1987)。我的个人经历已然形成了我关于高等教育和学院院长的观念。从1980年8月到1990年5月，我在一所私立大学任行政管理人员。最近(1987—1990)我在中西部的一所规模不大的学院里任学生生活主任。作为校长顾问团成员，我参与所有高层管理顾问团的活动和决定，与全体教员、顾问团成员、校长和理事会成员一起工作。除了给校长报告情况外，我在他当校长的第一年就与他在同一个办公室共事。我相信这种背景和角色增强了我对做校长第一年所要面临的挑战、决策、问题意识的了解和敏感，这将对我在研究中与被调查人的合作提供帮助。我了解了高等教育的结构和学院院长的角色，特别关注了在发起变革、营造人际关系、做出决策以及展示领导才能和远见等作为新校长角色方面的内容。

由于以前与新任校长密切共事的经验，我将某些偏见带入了研究中。尽管每一次努力都是为确保研究的客观性，但这些偏见会影响我对所收集的数据的理解和我对自己经验的解释。我用以下观点开始我的研究：学院院长这一职位是一个充满变化和极具挑战的职位。尽管期望值很大，但我仍怀疑校长在发起变革和展示领导才能和远见上会有多大魄力。我把当大学校长的第一年视为最为关键的时期，充满了调整、挫折、不可预期的惊奇和挑战。**(作者反思其在研究中的角色)**

研究范围

场　所

这一研究将在一个中西部州立学院内进行。学院座落于一个中西部的乡村社区；开课期间，这个学校有1 700名学生，几乎是镇上人口总量(1 000人)的两倍；学校有51个学科可以授予准学士、学士和硕士学位。

被调查人

本研究的被调查人是中西部州立学院的新任院长，他是本研究的主要被调查人。但我将把其放在管理顾问团会议这个背景上来观察。院长顾问团包括三名副院长(分管学术事务、管理事务、学生事务)和两名教务长(分管研究生教育和继续教育)。

事　件

采用民族志研究的系列方法，研究的焦点将是新任院长的日常活动和事务，以及被调查人自己所表达出来的与其经验有关的观点和意义。这包括意外事件或消息的收集，以及弄清突发事件以及由此引发的问题。

程　序

特别关注新任院长在发起变革、营造人际关系、做出决策及展示其领导才能和远见等方面的角色。**(作者提到数据收集的范围)**

伦理考量

许多论及定性研究设计的作者都提出了伦理考量的重要性(Locke et al.,1982; Marshall & Rossman,1989; Merriam,1988; Spradley,1980)。最重要的是,研究者有义务尊重被调查人的权利、需要、价值观和要求。从某种程度上说,民族志研究都是鲁莽的,参与者的观察会打扰被调查人的生活(Spradley,1980),敏感的信息常常被披露出来,尤其是当被调查人的处境和习惯在研究中被高度曝光时。以下是保护被调查人权利的一些防护措施:①通过书面形式将研究目的清楚地告知被调查人(包括对将会如何使用数据的描述);②由被调查人清楚地写出允许调查的书面许可;③调查豁免的内容交由IRB备案(附录B1、B2);④把所有的数据收集方法和活动告知被调查人;⑤随时向被调查人提供详细抄本、书面说明和报告;⑥当研究者要对数据进行筛选时,应首先考虑被调查人的权利、利益和愿望;⑦在研究的最终结论中,是否采用匿名的形式取决于被调查人本人的意愿。(**作者提出了伦理考量和IRB的观点**)

数据收集策略

将在1992年2月到5月间收集数据。它包括与被调查人至少两月一次的历时45分钟的访谈(最初的访谈问题见附录C)、对管理顾问团会议每两月一次的历时两小时的观察、每两月一次的历时两小时的日常活动的观察和每两月一次对校长日程表和文件(会议记录、备忘录、出版物等)的分析。此外,被调查人还同意以录音日记(记录反思的指南,附录D)的方式记录下他对自己经历的印象、想法和感受。1992年5月末,将安排两次补充性访谈(参见附录E,时间与行动计划表)。(**作者计划采用面对面访谈,作为观察者参与并获得私人文件**)

为辅助完成数据收集阶段的工作,我将使用田野日志,并准备一个进入研究场所和形成手稿及进行数据分析阶段的时间安排的详细说明(并与研究中实际的时间安排进行比较)。我打算在田野笔记中详细记录下我观察到的细节,并在田野日记中按序记录下整个研究过程中我自己的想法、感受、经历和认识。(**作者记录下描述性的信息和思考的内容**)

数据分析步骤

梅里亚姆(Merriam,1988),以及马歇尔和罗斯曼(Marshall & Rossman,1989)认为在定性研究中数据收集和数据分析必须是同步的。沙茨曼和斯特劳斯(Schatzman & Strauss,1973)声称定性研究数据分析的主要作用就是把事物、人和事件及其相关特性进行分类。通常,在数据分析过程中,民族志学者会尽量多用一些范畴来为其数据编制索引或编码(Jacob,1987)。他们通过参与者的观点来寻求识别并描述模式和主题，然后试图理解并解释这些模式和主题(Agar,1980)。数据分析过程中，研究者将对数据进行分类和编序，反复检查和连续编码。按序把一些主要的观点编排成表(Merriam,1988)。逐字记录访谈录音和参与者的录音日记，对田野笔记和日志进行常规检查。**(作者描述了数据分析的步骤)**

此外，数据分析过程中还可以借助定性数据分析的电脑程序 HyperQual。雷蒙德·帕迪拉(Raymond Padilla，亚利桑那州立大学)在 1987 年设计了 HyperQual，并将其应用在麦金托什机(Macintosh Computer)上。HyperQual 程序利用 Hypercard 软件提高了文本和图解数据的记录与分析效率。使用 HyperQual 后，研究者可以直接“录入田野数据，包括访谈数据、观察数据、研究者的备忘录和说明……以及全部附件(或编码)，或者部分源数据。这样，数据模块可以被抽出来重组为一个全新的配置”(Padilla,1989,pp. 69-70)。为了进行分析，有意义的数据模块将被识别、检索、分离、归类和重组。通过 HyperQual 的编辑，有关编码将会增加、变更或删除，文本的搜索可以通过搜索一些关键范畴、主题、词或短语来完成。**(作者提出了使用电脑软件进行数据分析的建议)**

证　明

为确保内部效度，可使用以下策略：

1. 数据的三角互证——通过包括访谈、观察和文件分析等多种渠道来收集数据。

2. 人员校验——整个分析过程中被调查人将发挥校验作用。通过我与被调查人不断的对话，以保证我对被调查人现实和具体行动意义的理解的真实性。

3. 对研究地点长期、反复的观察——将对相似的现象和场所进行为期 4 个月的临场正规重复观察。

4. 对等检验——一个教育心理学系的博士生和硕士生助教可以作为对等检验员。

5. 研究的参与模式——本研究中，被调查人将参与从方案设计到检验解释和做出结论等大多数阶段。

6. 澄清研究者的偏见——在研究的开始阶段，研究者的偏见将被清楚地写在论文方案的“研究者角色”的标题之下。

在这一方案中，为确保外部效度，使用的主要策略是提供丰富、扎实、细致的描写，以使任何一个有兴趣将此研究结果迁移到其他方面的人可以为比较而形成一个坚实的框架(Merriam,1988)。为确保信度,此研究将采用三种技术。首先,研究者会对研究的重点、研究者角色、被调查人所处的场境和选择的偏见以及收集数据的文本提供一个详细的说明(LeCompte & Goetz,1984)。其次,将采用数据收集和分析的三角互证及多重复合方法,这些方法的采用将提高它的信度优势与内部效度(Merriam,1988)。最后,将详细呈现数据收集和分析的策略,以便能提供一个用于本研究的准确、清晰的方法图。整个方案的所有阶段都将成为一个在定性研究领域内经验丰富的外部审察员详细审察的对象。(**作者确定了研究中使用的信度策略**)

结果报告

洛夫兰德(Lofland,1974)指出,尽管数据收集和分析策略在不同的定性研究方法之间是十分相似的,但其呈现结果的方法却是不同的。迈尔斯和休伯曼(Miles & Huberman,1984)强调了设计一个材料展示方法的重要性,并认为叙事文本是定性数据最常见的展示形式,因此,结果以描述、叙事形式而不是以自然科学报告的形式提出。详实的描述对于交流新学院院长的经验这一整体图境而言,将是一种有效手段。研究的结果将构建起被调查人的经验以及他赋予它们的意义。这将使读者感受到他所遇到的挑战的间接经验,它也是一枚透镜,读者通过它能够看到被调查人的世界。(**提及了研究的结果**)

小 结

本章探讨了制订和撰写定性研究过程的各个阶段。鉴于定性研究的多样化,本章提出了一个定性研究步骤的一般指南。这个指南包括了对定性研究一般特征的讨论,以帮助对这种研究方法不熟悉的读者。这些特征包括了在自然场境下进行研究、采用多种数据收集方法、是逐渐浮现的而不是预先设计的、是基于研究者的解释的、是整体性审视的、是反思的、既采用归纳又采用演绎的推理过程、使用了研究策略。这个指南给读者推荐了一种研究策略,如个体研究(叙事法、现象学),探究过程、活动和事件(个案研究、扎根理论)或对个体或群体的广泛的文化共享行为进行考察(民族志)。策略选择需要介绍和解释。更为重要的是,方案还要论及研究者的角色:过去的经历、与研究地点的个人关系、获取准入的步骤及敏感的伦理观念等。关于数据收集的论述应包括目标抽样法和数据收集方式(如观察、访谈、文献、视听材料等)。指出记录数据草案的类型也同样是有益的。数据分析是一个在研究中渐进的过程,它涉及分析参与者的信息、在具体研究策略中的研究者采用的典型的分析步骤。更普遍的步骤包括组织和准备数据、初步浏览信息、给数据编码、根据编码得出相关描述和主题分析，用一览表、图表和数字的形式描绘出结果；它还涉及以个体经验为基础的数据解释，用已有文献和理论来比较结果、提出问题，并（或）提出改革建议。方案还应包括研究者期望的研究结果部分。最后，在设计一个方案中，一个重要的附加步骤是指出将用以保证研究结果精确性的策略。

写作练习

1. 制订一个定性研究过程的方案。方案完成后，对照表10.1确认方案的完整性。

2. 制订一个表，在表的左栏列举你将采用的数据分析步骤；在右栏指出研究项目中你可以直接应用的步骤、计划使用的研究策略和已收集的数据。

阅读推荐

- Bogdan, R. C., & Biklen, S. K. (1992). *Qualitative research for education: An introduction to theory and methods.* Boston: Allyn and Bacon.

博丹和沙拜克林撰写了定性研究中数据收集、分析和撰写结果等章节。数据收集这一章详述了汇编田野笔记所涉及的内容：类型、目录和格式。在另一章他们提出了撰写研究报告的实用技巧，包括引用、混合分析、抽样、解释以及多种描述方法的使用。

- Marshall, C., & Rossman, G. B. (1999). *Designing qualitative research* (3 rd ed.). Thousand Oaks, CA: Sage.

马歇尔和罗斯曼介绍了制订定性研究方案的步骤，另外还介绍了选择样本的问题，他们列举了研究者的角色、准入、相互关系、个人传记及伦理观念等。与进行定性数据分析的一般步骤一样，其他几个章节还考察了数据收集的主要和次要方法。本书是一个有关定性研究及方案准备的优秀入门读物。

- Tesch, R. (1990). *Qualitative research: Analysis types and software tools.* New York: Falmer.

泰什编撰了一本定性数据分析的教材。此书跨越了广泛的主题，如定性设计类型、文本数据编码技巧、有助于文本分析的电脑软件程序。“定性研究的类型”一章包括了20种定性研究设计的生动概述，指出了定性设计的四个范畴——语言特征、发现规律、行动或文本意义的理解以及反思。这是一本详实易懂的分类学著作。“组织系统及其制订”一章提出了一种抄本编码方法。与此同时，她同样对文本数据进行定性分析的电脑软件应用程序进行了有益的探讨。

第 11 章　混合研究的路径与方法

鉴于定性研究和定量研究在人文社会科学研究中的发展及其公认的合理性，综合了这两种数据收集形式的混合研究也不断发展。新的《社会与行为科学中的混合研究方法手册》(*Handbook of Mixed Methods in the Social and Behavior Sciences*)(Tashakkori & Teddlie，2003)以及一些报道和推广混和研究的期刊(如《田野方法》)都对混合研究敞开了讨论的大门。随着混合研究使用频率的不断提高，很多文章出现在诸如职业医疗(Lysack & Krefting，1994)、人际交往(Boneva，Kraut，& Frohlich，2001)、艾滋病预防(Janz et al.，1996)、痴呆护理(Weitzman & Levkoff，2000)和中学科学(Houtz，1995)等多种领域的人文社会科学期刊中。现有了关于混合研究步骤的书——即使是相似的书在十年前也是没有的(Greene & Carcaelli，1997；Newman & Benz，1998；Reichardt & Rallis，1994；Tashakkori & Teddlie，1998)。

建立这些步骤是为了适应在单一研究(或研究方案)中明确混合定量和定性研究数据意图的需要。由于综合了多种数据收集和分析方法，因此，其设计的复杂性要求步骤要更清晰。这些步骤也是为了帮助研究者在面对复杂的数据和分析时，能制订出清晰明了的研究设计方案。

本章扩展了在第 1 章中有关实用主义知识观、研究策略和多种方法运用的讨论。本章同样还进一步讨论了第 4 章中涉及的研究问题，它们对探索和解释问题都是需要的。接下来是目标陈述、利用定性和定量研究专注于研究问题中的某一具体问题，以及使用多种方法收集和分析数据的原理(第 5、6 章)。

混合研究步骤的基本要素

当研究者设计一个混合研究时,可用如表 11.1 的问题清单来进行自我检查。这些构成要素包括混合研究的特征和计划用于研究的策略类型,以及研究的可视模型、数据收集和分析的具体程序、研究者角色、最终报告的结构。接下来是为应用这些观点而提出的混合研究步骤的实例。

表 11.1　设计混合研究步骤的问题列表

——是否已提出混合研究的基本定义?
——读者是否对混合研究策略的使用有所了解?
——是否已经确认选择混合策略的标准?
——是否已确定了策略? 是否已经给出了选择策略的标准?
——是否已提出能说明研究策略的可视模型?
——可视模型中是否有恰当的说明?
——是否提及与模型相关的数据收集和分析程序?
——是否提及定性和定量两种数据收集的抽样策略,它们与研究策略相关吗?
——是否说明了数据分析的具体步骤,它们与研究策略相关吗?
——是否讨论了确定定性研究和定量研究数据的步骤?
——是否提及了叙事结构,并且与将使用的混合研究策略类型相关?

混合研究的特征

作为一种不同的方式,混合研究在人文社会科学中相对较新。在方案中,对混合研究的基本界定和描述是有益的。它们包括:

- 混合研究的发展历史简溯。许多资料显示,混合研究来源于心理学以及坎贝尔和菲斯克(Campbell & Fiske,1959)为对源于定量和定性的数据进行整合或三角互证而提出的多质多法模型(multitrait-multimethod matrix)(Jick,1979),由此发展到混合研究的步骤和推论研究(Creswell,2002; Tashakkori & Teddlie,1998)。
- 通过整合第 1 章中关于在一个单项研究中对定量和定性研究数据收集和分析的定义,来界定混合研究。要突出研究者为什么要运用混合研究设计

(如,是为把相关理解从一种方法扩展到另一种方法,为整合或验证源于不同数据的研究结果)。同时要提出,在一个研究方案中,这种“混和”可能出现在一个研究中,也可能出现在多个研究中。要认识到这种方法有多个不同的称谓,如整合(integrate)、综合(synthesis)、定性与定量方法、多重方法(multimethod)和多重方法论(multimethodology)等,但最近的文献都采用“混合研究”这一称谓(Tashakkori & Teddlie, 2003)。

- 在著作、期刊文章、多种学科和基金项目中,研究者对混合研究的简要讨论日益增长。
- 注意这一研究方式对研究者提出的挑战。其中包括要求研究者进行大量的数据收集,花大量时间对文本和数据进行特征分析,同时还要求研究者对定性与定量研究非常熟悉。

混合研究策略的类型

策略选择的标准

方案开发者需要说明其打算使用的数据收集策略,还需要说明选择策略的标准。近来不少作者已建立起了从众多可资利用的研究方式中选取混合研究的标准。摩根(Morgan,1998)提出了几种标准,别的学者又补充了几个必须考虑的重要标准(Greene & Caracelli, 1997; Tashakkori & Teddlie, 1998)。如表11.2所示的这个矩阵说明了在选择混合研究策略时的四个决定因素(Creswell et al. ,2003):

表 11.2 研究的混合法策略选择

实 施	优 先	整 合	理论视角
无顺序 并行	同等	在数据收集阶段	明晰的
顺序化—定性法优先	定性法	在数据分析阶段	
顺序化—定量法优先①	定量法	在数据解释阶段	内隐的
		在综合阶段	

来源:Creswell et al. ,(2003). 从 Sage 出版公司获得使用许可。

---

① 原文为 sequential-qualitative first 应是 sequential-quantitative first 之误。——译者注

1. 在研究方案中收集定量和定性数据的顺序是什么？

2. 在进行定量和定性数据的收集和分析时，哪一个优先进行？

3. 在研究方案的哪个阶段对定量和定性数据及结果进行整合？

4. 是否把所有理论视角（如性别、种族/种族划分、生活方式、阶级）都用于研究？

实 施

实施意味着研究者既可以分阶段（按顺序）也可以同时（并行）收集定量和定性数据。当分阶段收集数据时，是先收集定性数据还是定量数据，主要取决于研究者的最初意图。如果首先收集定性数据，研究者的目的是为了在研究场所与参与者探究相关主题。然后研究者进行第二阶段工作。在第二阶段，研究者通过在大量个体（通常是有代表性的）中收集数据来扩展相关理解。当同步收集数据时，方案中的定性和定量数据在同一时间被收集，其实施也是同步的。

优 先

策略选择应考虑的第二个因素是是否给予定性还是定量研究以更大的优先或权重，尤其是在使用定量数据和分析时。这种优先可以是平等的，也可以向定性或定量数据倾斜。对哪一种数据类型优先主要取决于研究者的兴趣或研究的受众（如学术委员会、职业协会），以及研究者想要强调的研究重点。实际上，混合法研究中的优先取决于在研究中是首先强调定量信息还是定性信息这一策略选择和对不同数据类型的处理范围，以及作为研究的归纳或演绎框架的理论运用。本书的第1版是用“主导”和“非主导”等称谓来表述优先的。对于研究生所从事的研究来说，以一种数据收集和分析方式为主，另一种方式为辅是比较适合的。

整 合

在研究过程中，有几个环节可以出现这两种数据类型的整合：数据收集、数据分析、解释或一些需要合并（combination）处理的地方。整合意味着研究者“混合”了数据。例如，在数据收集中，这种“混合”就可能包括对研究中的开放式问题和封闭式问题进行合并。而在数据分析与解释环节，混合则可能包括把定性研究的主题或编码转化为定量数字，以及把定性信息与导致研究的“解释”部分的定量信息进行比较。研究过程中，需整合的地方视数据收集是否是出现于所有阶段（按顺序）或单一阶段（并行的）的情况而定。

理论视角

最后要考虑的因素是是否有一个宏大的理论视角来指导整个设计。这个视角可能来自社会科学或源于辩护式/参与式透析(如性别、种族、阶级)。尽管所有设计都有其固有的理论(参见第7章),但混合研究者能使这一理论更为具体化,并将其作为研究的指导框架。无论研究策略的实施、优先和整合特征如何,这一框架都将在其中起作用。

选择性策略和可视模型

为选择一个独到的研究策略,混合研究者可从四个方面的因素来考虑。尽管接下来的讨论不可能穷尽所有的可能性,但下面提出的这六种根据克雷斯威尔(Creswell,2003)等人的讨论改写的主要策略,可以作为研究方案的备选策略。一个方案应当包括策略的描述及其可视模型,以及研究者在实施这一策略时的基本步骤。每种策略都在图11.1和图11.2中予以了简要的描述和图式说明(Creswell et al.,2003)。

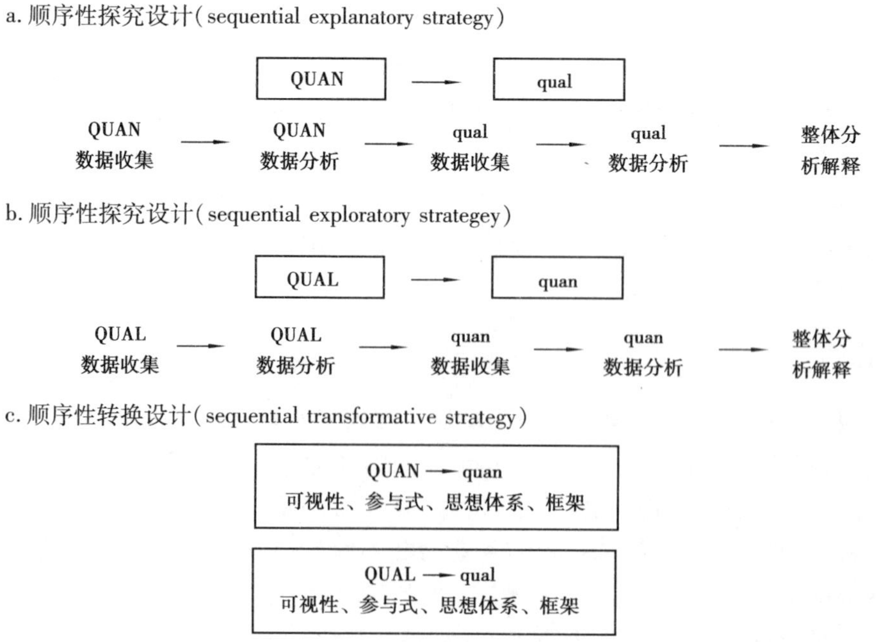

图11.1 顺序性策略

插图中的注释改编自莫尔斯(Morse,1991)和塔什亚考里和泰德利(Tashakkori & Teddlie,1998)的论述,他们建议:

- “ + ”表示同时发生或并行收集数据的方式。
- “→”表示按顺序收集数据。
- 大写的字表示研究中定量或定性数据分析的强调或优先。
- “Quan”和“Qual”分别代表定量的和定性的,用同样多的字母以示两种数据的对等。
- 每幅图下是具体的数据收集、分析和解释程序,以帮助读者理解其中具体的操作过程。
- 用方框突出定量和定性的数据收集。

a. 并行三角互证策略(concurrent triangulation strategy)

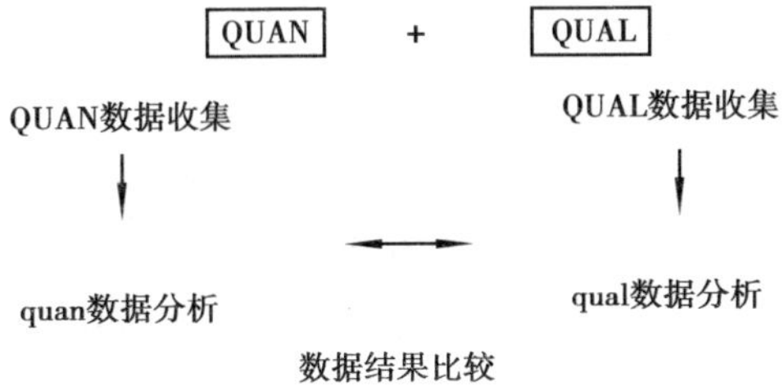

b. 并行嵌套策略(concurrent nested strategy)

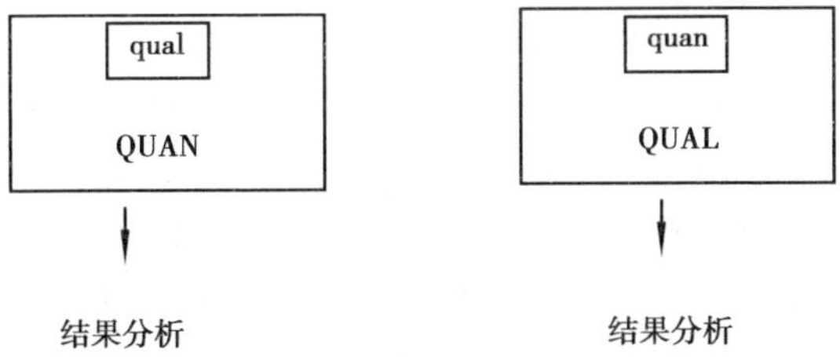

c. 并行法转换策略(concurrent transformative strategy)

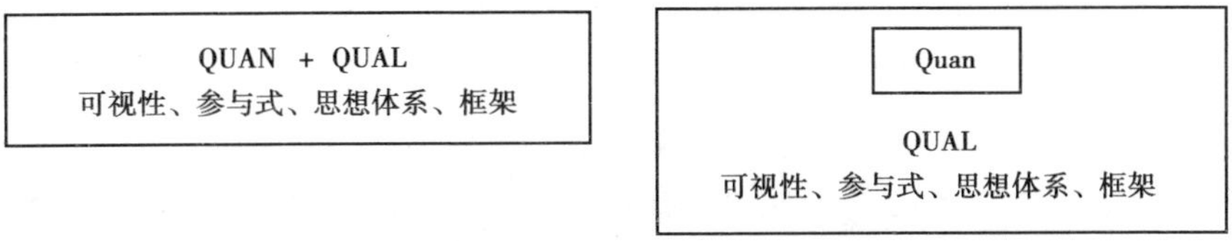

图 11.2　并行法策略

顺序性解释策略

顺序性解释策略是六种主要的混合研究方式中最简洁明了的一种。其特点是定性数据收集和分析在定量数据收集和分析之后,通常是定量数据优先。这两种数据在研究的解释阶段进行整合(这一策略的步骤见图 11.1a)。这种策略可能有也可能没有特定的理论视角。顺序性解释策略设计的目的通常都是用定性的结论来对初步的定量研究结果予以辅助性解释和说明。当非预期性结果出现在定量研究中时,这个策略就显得非常有用了(Morse,1991)。在这种情况下,后期进行的定性数据收集可以更加细致地检验这一非预期性结果。简洁明了的特点是这种设计的主要优势,正是由于其步骤清晰明了、相对独立,因而易于实施。此外,这种设计特点也方便研究的描述和报告。其主要缺陷在于它需要研究者在两个相对独立的环节耗费较长时间进行数据收集,当这两个环节同等需要时,这一缺陷就显得尤为突出。

顺序性探究策略

顺序性探究策略和顺序性解释策略有许多相似的特征。它也分两个阶段实施,并且通常对第一个阶段优先,既可能有也可能没有特定的理论视角(参见图 11.1b)。与顺序性解释策略相反,这一模型的特点是,定量的数据收集和分析在定性的数据收集和分析之后,因此,研究中定性的方面具有优先性,两个阶段的结果在解释阶段加以整合。

就最基本的层面而言,这种策略的目的是用定量的数据和结果来辅助说明定性的结果。与顺序性解释策略适合于解释和说明关系不一样,这一模型的主要目的是探究某种现象。摩根(Morgan,1998)认为,这种设计适合于对定性研究阶段浮现的理论进行检验,也适用于向各种样本推广其定性研究结果。与之相似,莫尔斯(Morse,1991)指出了一个选择此种策略的目的:确定在所选择的总体中某一现象的分布情况。最后,在研究者研制和检验一种工具时,顺序性探究策略常常被作为一个模型加以讨论(Creswell,1999)。

顺序性探究策略与顺序性解释策略一样,有许多优点。两环节模式使其实施便捷,描述、报告简洁明了。对于既想探究一种现象,又想拓展定性研究结果的研究者来说,这个方法十分有用。在研究者打算研创新的工具时,这个模型的优势尤其明显。另外,对于那些可能不熟悉自然主义传统的定量研究指导者、学术委员会或研究团体而言,这一模型使定性研究变得更适合他们的口味。与顺序性解释方法一样,顺序性探究模型也需要充裕的时间来完成两个阶段的数据收集和分析，这对某些研究而言是一种缺陷。另外，研究者也会发现要在定性分析的基础上进行下一步的定量数据收集是很困难的。

顺序性转换策略

跟前面所描述的顺序模式一样，转换性顺序策略有两个截然不同的数据收集阶段，并且，两个阶段是前后紧密相联的（见图 11.1c）。然而，在这种设计中，两种方法都可以首先使用，优先可以给予定量阶段也可以给予定性阶段，甚至在有足够的资源可资利用的情况下，二者可以并重。另外，在解释阶段对两个阶段的结果加以整合。与解释和探究研究方式不同，顺序转换模型有一个理论视角来对研究进行指导。不论这种理论视角是一种概念框架、一种具体的思想意识或是辩护，理论视角的目标对于研究的指导远比仅将理论用于方法中重要。

顺序转换策略的目的在于使用那些最能够服务于研究者理论视角的方法。通过两个研究阶段，使用顺序转换策略的研究者可能会对不同的观点提出自己的看法，为参与者进行更好的辩护，或对某一现象抑或对被研究的结果的变化过程提出更好的理解。

顺序转换模式分享了其他两种顺序混合研究在方法论上的优点和缺点。尽管它也需要大量时间来完成两个阶段的数据收集，但各自独立的两个阶段使其实施、描述和结果共享都显得方便快捷。更重要的是，这种设计把混合研究置于一个转化框架之中。因此，对于那些已经在一个独立方法体系（比如定性研究）中使用了转换框架的研究者而言，这种策略是有吸引力的并且是可接受的。遗憾的是，由于这一方式的使用记录较少，对于如何用转换性构思来指导方法的材料还比较少。同样，究竟如何从第一阶段的分析转换到第二阶段的数据收集也还不太清楚。

并行三角互证策略

在六种主要的混合法研究模式中，并行三角互证方式可能是最为人所熟知的（参见图 11.2a）。当研究者试图在一个单一研究中使用两种不同的方式来对结果进行证实、交叉效度分析或确证时，常常采用这种模式（Greene et al.，1989；Morgan，1998；Steckler，Mcleroy，Goodman，Bird，& McCormick，1992）。其模型一般是让独立的定量研究或定性研究之间相互补充，扬长避短，因此，定量和定性的数据收集是同步进行的。理想状态下，两种研究方式的优先是对等的，但实际应用中，则要么是定量研究要么是定性研究优先。这一策略通常在解释说明阶段将两种研究得出的结果加以整合,这一解释既可以深化对既往知识的认识,也可以解释对既往认识的修正。

这种传统混合模式的优点在于,它为大多数研究者所熟知并且能够得出充分有效和确切的结果。此外,与顺序性研究相比,并行法的数据收集所需要的时间更短。

这种模式同样存在很多局限:要使用两种独立的方式充分地研究某种现象,就需要研究者具有更多的经验和付出更大的努力,研究者在比较两种数据类型的分析结果时也是较困难的,另外,研究者也不一定清楚如何解决出现在结果中的分歧。

并行嵌套策略

和并行三角互证法一样,并行嵌套模型可通过一个数据收集阶段来得以完成,在这个阶段,定量数据和定性数据的收集同时进行(参见图 11.2b)。与传统的三角互证模型不同的是,嵌套方式有一个用于指导研究方案的主要方法。在主要方式(定性的或定量的)中,没有优先,研究方式(定量的或定性的)是插入的或嵌套的。嵌套意味着在不同的问题中嵌入方式而不是从不同的层次(对定量研究中的等级分析的类比有助于归纳这些层次——见:Tashakkori & Teddliek,1998)上凸显某一方式或寻求某种信息。两种研究方式收集的数据在方案的分析阶段加以混合。这种策略也不一定有理论视角的指导。

并行嵌套模型可以用于多种不同的目的。通常,这一模型的使用就像反对单独使用某一主要研究方式一样,使用不同研究方式的结果是为了研究者能获得更丰富的视角。例如,莫尔斯(Morse,1991)提出,一个主要的定性设计可以嵌入一些定量数据,以丰富对参与者样本的描述。同样,她还论述了定性数据如何用于描述那些定量研究中不能量化的方面。此外,当研究者选用不同研究方式来研究不同的组群或层次时,可以使用并行嵌套模型。如果研究一个组织,那么对雇员就可以用定量研究,对经理则可以用定性访谈法,对整个公司则可以用定量数据分析,如此类推。塔什亚考以和泰德利(Tashakkori & Teddlie,1998)将此方式描述为多层设计(multilevel design)。最后,一种研究方式可以用于另一种方式的框架内,比如研究者进行实验设计和操作时,可以同时用个案例研究方式来研究每一实验处理的情况。

这种混合模型有很多好处。研究者在单一的数据收集阶段,可以同时收集两种类型的数据,它提供了一种兼具定量数据和定性数据优势的研究。此外,通过使用两种不同的研究方式,研究者可以从不同的数据类型或不同的研究层面看待问题。

研究者在选择这种研究方式时同样要考虑到其局限性。数据需要经过相应的转换才能在研究的分析阶段加以整合,现阶段能指导研究者完成这一过程的材料很少。此外,关于研究者如何解决出现在两种数据类型中的差异的相关论述,也很少见到。由于这两种研究方式在优先性上都是同等的,这不利于对最终结果的解释。

并行转换策略

和顺序转换模型一样,并行转换方式也以研究者使用的具体理论视角为指导(参见图11.2c),这些视角可以基于众多理论,如批判理论、辩护或参与式研究,或一种概念化或理论化的框架。这些视角反映了研究的目的或研究的问题,它是选择方法论的驱动力,如在整个研究过程中的定义问题、明确设计和数据来源、分析、解释和报告结果,等等。并行模型的选择(无论是三角互证,还是嵌套设计)是为了推进观点,如设计可以是嵌套的,这样不同的参与者便可以在对组织的定量研究中,为组织的变革过程提出不同的意见。它也可以包括定量和定性数据的三角互证法,以便能最好地集中信息,为组织中政策的不公提供证据。

因此,并行转换模型可能具有三角互证或嵌套方法的设计特征,即在同一数据收集阶段可以同时收集两种类型的数据、具有同等或不同等的优先性。尽管解释阶段的整合也极有可能,但大多数对不同数据的整合都是在分析阶段。由于并行转换模型具有三角互证模型和嵌套方法的共同特征,因此它也具有与它们共同的优点和缺陷。只不过,这一模型具有在转换框架中配置混合研究的优势,这样,它对那些已经使用转换框架来引导其研究的定性或定量研究者而言,尤其具有吸引力。

数据收集步骤

虽然可视模型和一些具体策略的讨论已经勾画了数据收集步骤的图式,但在方案中,讨论收集数据的具体类型仍是有用的。明确抽样策略和用于建立数据信度的方法也是十分重要的。

- 指出研究方案中将要收集的数据类型,并使之具体化——定量的和定性的。参照表1.3所提供的定量和定性数据,它们按开放式和封闭式回答予以区别。有些类型的数据,如访谈和观察所得出的数据,既可以是定量的也可以是定性的。虽然将信息演绎为数字是定量研究的方式,但它同样可用于定性研究。

- 认识到定量数据经常涉及随机抽样,因此任一个体都有被选取的相同概率,同时样本也会推广到更大的总体。在定性数据收集中,采用目标抽样以使经历了中心现象的个体被选取。
- 将程序与可视模型具体联系起来。例如,如图 11.1a 所示,在一个顺序解释模型中,图式下的一般程序可以更加细化。比如,对这种方式的论述还可以包括第一阶段中对调查数据收集的应用描述和数据的描述性推论性分析。然后在第二阶段可提出民族志设计中的定性观察、编码和主题分析。

数据分析和确认步骤

混合研究中的数据分析与为研究步骤选择的研究策略类型有关,因此,在方案中,步骤需要在设计中确定出来。不过,分析既存在于定量研究(描述性和推论性数字分析)之中,也出现在定性研究(描述性和主题性文本或影像分析)之中,并常常存在于两种研究方式之间。以下是一些更为普遍的例子(Caracelli & Greene,1993; Tashakkori & Teddlie,1998):

- 数据转换(data transformative):在并行策略中,研究者可以量化定性数据,这包括建立定性化的编码和主题,然后统计它们在文本资料中出现的次数(或通过统计行数或句数来确定)。定性数据的量化使研究者能够进行定量研究结果与定性研究数据的比较。相应地,研究者也可以将定量数据定性化。例如,在一个工具量表数据的因素分析中,研究者可以创制能与定性数据库相比较的要素和主题。
- 局外人探究 (explore outliers):在顺序性模型中,第一阶段的定量数据分析能够产生极端的或局外人个案,对这些局外人个案进行定性化访谈,研究者就能洞悉他们与量化抽样偏离的原因。
- 工具开发:在顺序性研究方式中,最初的定性数据收集能够获得参与者的主题和具体陈述;接下来,把这些陈述作为量表的具体题项和主题,基于参与者的观点创制出调查工具;第三,也即最后阶段,对能代表总体的样本进行大量抽样来确认工具的有效性。
- 多层检验:在并行嵌套模型中,在同一层面(如家庭)实施调查以便收集关于样本的定量结果,与家庭中的特定成员一起收集访谈资料以探究现象。

研究方案中用于描述混合研究的数据分析的另一层面是一系列的用于检验定量数据的效度和定性结果的精确度的步骤。混合研究的研究者主张在研究的定量和定性阶段都使用效度检验程序(Tashakkori & Teddlie,1998)。方案撰写者从过去研究所采用的工具来讨论分数的信度和效度。此外,要注意实验和调查中内部效度的潜在干扰(见第9章)。对定性数据而言,需要提到将要用于检验结果精确度的策略,包括三角互证数据来源、人员核查、细节描述或第10章中提及的其他途径。

报告的陈述结构

和数据分析一样,报告的陈述结构紧接着研究方案的策略选择类型。由于读者可能对混合研究不很熟悉,以下方法对如何架构最后的研究报告是十分有利的:

- 对顺序研究而言,混合研究者通常按先定量数据收集、分析,然后再定性数据收集、分析的程序来组织报告;然后,在研究的结论或解释阶段,研究者提出定性研究结果在何种程度上详细阐述或扩充了定量结果。或者,定性数据收集和分析在先,继之以定量数据收集和分析。在任一种结构中,撰写者通常都会将方案分为两个截然不同的阶段并给各个阶段设定独立的标题。
- 在并行研究中,定量和定性数据的收集可能出现在各自独立的部分中,但这两种形式的数据将在分析和解释部分加以结合,以便于在结果中寻求整合。这类混合研究的结构在定量和定性研究阶段并没有明确的界限。
- 在转换研究中,通常包括在研究的开始便提出所倡议的观点,然后再选取顺序法或并行法的结构作为组织研究内容的方法。在研究的结尾,研究者会用一个独立的部分来提及变化或改革的建议,以作为研究的一个结果。

混合研究步骤的举例

下面是使用混合研究的例子,它们既采用了顺序法又采用了并行法的策略和步骤。

例 11.1　顺序性研究策略

库什曼(Kushman,1992)研究了 63 个城市的中小学教师的两类工作责任——组织责任和教学责任。他提出了一个两阶段混合研究,下边是研究的目标陈述:

本研究的核心假设是,在一个有效组织的学校里,组织责任和教学责任虽然区别很大,但教师的态度具有同等重要性。这一理念在文献上有一定的论述,但却要求更多的经验证实……第一阶段是定量研究,探明教师责任、组织责任及其在中小学的实施效果之间的统计关系;紧接着这一宏观分析的是第二阶段,对具体的实施学校进行考查,使用定性/个案研究方法更好地了解教师责任的动力机制(Kushman,1992,p. 13)。

这一目标陈述说明了目标和基本原理为混合("为更好地了解")而进行的联结,这一陈述也为研究中不同类型数据的混合进行了联结。这个导言集中在检验组织责任和教学责任的需要上,这一需要使得定量研究优先,这一优先在定义组织责任和教学责任以及借用大量文献来证明这两个概念时做了进一步的论述;接着,为探究二者之间的关系,作者提出了一个概念性框架(用可视模型完成)和研究的问题,这给研究的定量阶段提供了一个理论指导(Morse,1991)。在这个两阶段研究中,是按定量法(QUAN)→定性法(qual)的实施方案进行的。作者分两段展示结果,首先是定量结果——展示和讨论了相关性、回归方程和双向方差分析(two-way ANOVAS),然后以引证作为支撑,以主题和次主题的方式提出个案研究结果。定量结果和定性结果在最后的讨论中予以整合,其中研究者突出了定量结果和从定性结果中显现的复杂性。此外,研究中作者并没有用理论视角进行研究的透析。

例 11.2　并行研究策略

1993 年,霍斯勒(Hossler)和维斯珀(Vesper)进行了一项研究,考察影响家长为筹集子女上大学的费用而节约开支的有关因素。研究者用了三年时间对学生和家长进行纵向数据收集,作者考察了家长为孩子接受高等教育而节衣缩食的最密切因素。研究结果表明家长的支持、对孩子受教育的期望值和大学消费的知识是重要的因素。从我们的角度来看,最重要的是作者通过 182 个调查和 56 次访谈从家长和学生那里收集到了信息,他们的目标表明了三角互证法对形成结果的益处:

为了尽可能把家长储蓄这一情况清楚明白地表现出来，本文考察了家长的储蓄行为。三年间，作者采用了对学生和家长进行纵向研究的多重调查，用逻辑回归的方式来确定与父母为使孩子接受高等教育而储蓄最相关的因素。此外，从对二次抽样样本的学生和家长的访谈中获得深层次的认识。他们在三年的时间里对样本进行了5次访谈，以此用于进一步分析家长的节约行为(p.141)。

这些准确的数据是研究者花费了四年时间，从182名学生及其家长那里进行调查和从56名学生及其家长那里进行访谈得来的。从目标陈述中，我们可以看出他们是把并行数据收集作为实施策略。此外，他们还对定量分析和调查数据提出了广泛的讨论，包括讨论变量测量和逻辑回归数据分析的细节。他们同样提及了定量分析、详细的 t 检验和结果回归分析所存在的局限性。与之相反，他们只用了一页的篇幅来进行定性数据分析，简要注明了讨论中出现的主题。这个混合研究中的优先是给予了定量数据收集和分析，研究的标记法是：(QAUN)+(qual)。两种数据来源的整合是在研究过程说明阶段的“调查和访谈结果的讨论”那一节里(p.155)。在这一部分，他们一方面把家长储蓄的各个因素的重要性和定量结果进行比较，另一方面，又与访谈数据的结果进行比较。与例11.1相似，虽然文章以计量经济学研究和关于大学选择的研究的文献开头，以“家长储蓄增强模型”结尾，但这一研究并没有以理论透析引导研究。因此，我们可以将这一混合研究的理论应用概括为归纳法(如定性研究一样)，缘于文献(如定量研究一样)并在研究过程中逐步生成并最终形成。

小　结

混合研究步骤的设计，从表述其特征开始，包括追溯混合研究的历史，对其加以定义并指出其在多个研究领域的实用性。然后，陈述并提出了四个标准用来选择合适的混合研究策略，指出了数据收集的实施策略(并行的或顺序的)。同时还陈述了在研究中定量或定性方式的优先和权重，比如同等权重，定量数据优先或定性数据优先。提到了进行研究方式整合的阶段(如数据收集、分析、说明)。最后，指出了是否有理论视角的透析或理论框架来指导研究，如来自社会科学的理论或来自辩护式视角的透析(如女权主义、种族观念)。这四个要素有助于进行研究的策略选择。

围绕数据收集的方式是否采用顺序法(解释的和探究的)、并行法(三角互证和嵌套)或是转换透析(顺序的或并行的)方法，本章节提出了六种主要策略。虽然顺序法是最容易实施的，但每一种模型都存在各自的优势与缺陷。在研究方案中,策略的选择同样可以用图表来表示,并且,具体步骤可以附在图表上以帮助读者理解项目中的活动流程,这些步骤包括要收集的定量和定性数据类型、数据分析的类型。通常,数据分析涉及数据转换、局外人探究和多层检验,等等。步骤效度的验证也需要清楚地描述出来。由于读者对最后的书面报告可能不甚熟悉,研究者可以在研究方案中将其描述出来。在撰写混合研究时,三种策略类型——顺序、并行和转换——均有不同的方法结构。

写作练习

1. 设计一个结合了定性研究和定量研究,并使用了顺序性两阶段的混合研究。就你为什么在计划中对这些阶段要如此排列进行讨论并提出基本原理。

2. 设计一个结合了定性研究和定量研究的混合研究,并把优先赋予定性数据收集。讨论撰写导言、目标陈述、研究问题和数据收集的具体形式的方法。

3. 制订一个说明研究中运用诸如女权主义视角等理论透析的视觉图表和它的具体实施步骤。使用顺序模式或并行模式来实施研究。在图中要恰当地使用符号。

阅读推荐

- Creswell, J. W. (1999). Mixed-method research: Introduction and application, In G. J, Cizek(Ed), *Handbook of educational policy*(pp. 455-472). San Diego: Academic Press.

在这一章里,我提出了一个关于混合研究的概述。包括对这类研究术语的综述、混合研究的简要历史回顾,提出了研究设计的九个步骤。作为混合研究方案设计的辅助,我提出了一个早期的设计格式,这在本书的第 3 章有具体的介绍。我还列举了一个混合研究的例子,并对作者如何处理这些混合研究步骤进行了说明。

- Greene, J. C., Caracelli, V. J., &Graham, W. F. (1989), Toward a conceptual framework for mixed-method evaluation designs. *Educational Evaluation and policy Analysis*, 11(3),255-274.

格林尼及其同事对从 1980 到 1988 年间的 57 个混合评估研究报告进行了研究。根据这个分析,他们提出了五种不同的混合研究目标和七种设计特征。他们发现混合研究的目标可能基于寻求敛合(三角互证),考察同一现象的不同层面(互补),使用顺序法(发展),发现矛盾和新观点(开创),扩展方案的空间和范围(扩展)这几个方面。他们还发现,无论是针对不同的现象还是同一现象,采用相同的还是不同的范式来实施研究,在研究中给予同样的还是不同的权重,是独立、并行还是顺序地实施研究,研究都要根据假设、方法的优势和局限性而发生变化。根据这些目的和设计特征,作者提出了几种混合研究设计。

- Morse, J. M. (1991). Approaches to qualitative-quantitative methodological triangulation, *Nusing Research*, 40(1),120-123.

莫尔斯指出使用定性和定量法来提出同样的研究问题,导致权衡每种方法及其研究顺序的观点。基于这些理念,她接着提出了两种三角互证方法:同时使用两种研究方式的同步法;用一种方式的结果去设计下一种方式的顺序法。而且,这两种方式可通过标志着相关权重与顺序的大写和小写字母符号进行描述。接着,根据各自的目的、局限性和方法等对这两种三角互证法进行了讨论。

- Tashakkori, A., & Teddlie, C. (Eds.). (2003). *Handbook of mixed methods in the social and behavioral sciences.* Thousand Oaks, CA: Sage.

由塔什亚考以和泰德利编辑的这本新"手册",对集中描述混合研究的主要作者作出了迄今为止最坚实的努力。在第27章,"手册"为读者介绍了混合研究,说明了其运用中的方法论和分析观点,指出了其在人文社会科学上的实用性,并规划了混合研究的未来。例如,用独立章节说明了混合研究在评估、管理和组织、保健科学、护理学、心理学、社会学和教育等方面的应用。

参考文献

Aikin, M. C. (Ed.). (1992). *Encyclopedia of educational research* (6th ed.). New York: Macmillan.

American Psychological Association. (1927-). *Psychological abstracts.* Washington, DC: Author.

American Psychological Association. (2001). *Publication manual of the American Psychological Association* (5th ed.). Washington, DC: Author.

Annual review of psychology. (1950-). Stanford, CA: Annual Reviews.

Ansorge, C., Creswell, J. W., Swidler, S., & Gutmann, M. (2001). *Use of Ibook laptop computers in teacher education.* Unpublished manuscript, University of Nebraska-Lincoln.

Asmussen, K. J., & Creswell, J. W. (1995). Campus response to a student gunman. *Journal of Higher Education*, *66*, 575-591.

Babbie, E. (1990). *Survey research methods* (2nd ed.). Belmont, CA: Wadsworth.

Babbie, E. (2001). *The practice of social research* (9th ed.). Belmont, CA: Wadsworth/Thomson Learning.

Bailey, E. P. (1984). *Writing clearly: A contemporary approach.* Columbus, OH: Charles Merrill.

Bausell, R. B. (1994). *Conducting meaningful experiments.* Thousand Oaks, CA: Sage.

Bean, J., & Creswell, J. W. (1980). Student attrition among women at a liberal arts college. *Journal of College Student Personnel*, *3*, 320-327.

Beisel, N. (1990, February). Class, culture, and campaigns against vice in three American cities, 1872-1892. *American Sociological Review*, *55*, 44-62.

Bem, D. (1987). Writing the empirical journal article. In M. Zanna & J. Darley (Eds.), *The compleat academic: A practical guide for the beginning social scientist* (pp. 171-201). New York: Random House.

Berg, B. L. (2001). *Qualitative research methods for the social sciences* (4th ed.). Boston: Allyn and Bacon.

Berger, P. L., & Luckmann, T. (1967). *The social construction of reality: A treatise in the sociology of knowledge.* Garden City, NJ: Anchor Books.

Blalock, H. (1969). *Theory construction: From verbal to mathematical formulations.*

Englewood Cliffs, NJ: Prentice-Hall.
Blalock, H. (1985). *Causal models in the social sciences.* New York: Aldine.
Blalock, H. (1991). Are there any constructive alternatives to causal modeling? *Sociological Methodology*, *21*, 325-335.
Blase, J. J. (1989). The micropolitics of the school: The everyday political orientation of teachers toward open school principals. *Educational Administration Quarterly*, 25 (4), 379-409.
Boeker, W. (1992). Power and managerial dismissal: Scapegoating at the top. *Administrative Science Quarterly*, *37*, 400-421.
Bogdan, R. C., & Biklen, S. K. (1992). *Qualitative research for education: An introduction to theory and methods.* Boston: Allyn and Bacon.
Boice, R. (1990). *Professors as writers: A self-help guide to productive writing.* Stillwater, OK: New Forums.
Boneva, B., Kraut, R., & Frohlich, D. (2001). Using e-mail for personal relationships. *American Behavioral Scientist*, *45*(3), 530-549.
Booth-Kewley, S., Edwards, J. E., & Rosenfeld, P. (1992). Impression management, social desirability, and computer administration of attitude questionnaires: Does the computer make a difference? *Journal of Applied Psychology*, *77*(4), 562-566.
Borg, W. R., & Gall, M. D. (1989). *Educational research: An introduction* (5th ed.). New York: Longman.
Borg, W. R., Gall, J. P, & Gall, M. D. (1993). *A pplying educational research: Apractical guide.* New York: Longman.
Boruch, R. F. (1998). Randomized controlled experiments for evaluation and planning. In L. Bickman & D. J. Rog (Eds.), *Handbook of applied social research methods* (pp. 161-191). Thousand Oaks, CA: Sage.
Bunge, N. (1985). *Finding the words: Conversations with writers who teach.* Athens: Swallow Press, Ohio University Press.
Cahill, S. E. (1989). Fashioning males and females: Appearance management and the social reproduction of gender. *Symbolic Interaction*, *12*(2), 281-298.
Campbell, D. T., & Fiske, D. (1959). Convergent and discriminant validation by the multitrait-multimethod matrix. *Psychological Bulletin*, *56*, 81-105.
Campbell, D. T., & Stanley, J. C. (1963). Experimental and quasi-experimental designs for research. In N. L. Gage (Ed.), *Handbook of research on teaching* (pp. 1-76). Chicago: Rand-McNally.
Campbell, W. G., & Ballou, S. V. (1977). *Form and style: Theses, reports, term papers* (5th ed.). Boston: Houghton Mifflin.
Caracelli, V. J., & Greene, J. C. (1993). Data analysis strategies for mixed-method evaluation designs. *Educational Evaluation and Policy Analysis*, *15*(2), 195-207.
Carroll, D. L. (1990). *A manual of writer's tricks.* New York: Paragon House.
Carstensen, L. W., Jr. (1989). A fractal analysis of cartographic generalization. *The American Cartographer*, *16*(3), 181-189.
Castetter, W. B., & Heisler, R. S. (1977). *Developing and defending a dissertation proposal.* Philadelphia: Center for Field Studies, Graduate School of Education, University

of Pennsylvania.

Cherryholmes, C. H. (1992, August-September). Notes on pragmatism and scientific realism. *Educational Researcher*, *14*, 13-17.

Clandinin, D. J., & Connelly, F. M. (2000). *Narrative inquiry*: *Experience and story in qualitative research.* San Francisco: Jossey-Bass.

Cohen, J. (1977). *Statistical power analysis for the behavioral sciences.* New York: Academic Press.

Cook, T. D., & Campbell, D. T. (1979). *Quasi-experimentation*: *Design & analysis issues for field settings.* Chicago: Rand McNally College Publishing.

Cooper, H. (1984). *The integrative research review*: *A systematic approach.* Newbury Park, CA.: Sage.

Cooper, J. O., Heron, T. E., & Heward, W. L. (1987). *Applied behavior analysis.* Columbus, OH: Merrill.

Creswell, J. W. (1994). *Research design*: *Qualitative and quantitative approaches.* Thousand Oaks, CA: Sage.

Creswell, J. W. (1998). *Qualitative inquiry and research design*: *Choosing among five traditions.* Thousand Oaks, CA: Sage.

Creswell, J. W. (1999). Mixed-method research: Introduction and application. In G. J. Cizek (Ed.), *Handbook of educational policy* (pp. 455-472). San Diego: Academic Press.

Creswell, J. W. (2002). *Educational research*: *Planning*, *conducting*, *and evaluating quantitative and qualitative research.* Upper Saddle River, NJ: Merrill/Pearson.

Creswell, J. W., & Brown, M. L. (1992). How chairpersons enhance faculty research: A grounded theory study. *The Review of Higher Education*, *16*(1), 41-62.

Creswell, J. W., & Miller, D. L. (2000). Determining validity in qualitative inquiry. *Theory into Practice*, *39*(3), 124-130.

Creswell, J. W., Plano Clark, V., Gutmann, M., & Hanson, W. (2003). Advances in mixed method design. In A. Tashakkori & C. Teddlie (Eds.), *Handbook of mixed methods in the social and behavioral sciences.* Thousand Oaks, CA: Sage.

Creswell, J., Seagren, A., & Henry, T. (1979). Professional development training needs of department chairpersons: A test of the Biglan model. *Planning and Changing*, *10*, 224-237.

Crotty, M. (1998). *The foundations of social research*: *Meaning and perspective in the research process.* London: Sage.

Crutchfield, J. P. (1986). *Locus of control*, *interpersonal trust*, *and scholarly productivity.* Unpublished doctoral dissertation, University of Nebraska — Lincoln.

DeGraw, D. G. (1984). *Job motivational factors of educators within adult correctional institutions from various states.* Unpublished doctoral dissertation, University of Nebraska.

Denzin, N. K., & Lincoln, Y. S. (Eds.). (2000). *The handbook of qualitative research* (2nd ed.). Thousand Oaks, CA: Sage.

Dillard, A. (1989). *The writing life.* New York: Harper & Row.

Dillman, D. A. (1978). *Mail and telephone surveys*: *The total design method.* New York: John Wiley & Sons.

Duncan, O. D. (1985). Path analysis: Sociological examples. In H. M. Blalock, Jr. (Ed.), *Causal models in the social sciences* (2nd ed., pp. 55-79). New York: Aldine.

Educational Resources Information Center. (1969-). *Current index to journals in education.* New York: Macmillan.

Educational Resources Information Center. (1975-). *Resources in education.* Washington, DC: U. S. Department of Health, Education, and Welfare.

Educational Resources Information Center. (1975). *Thesaurus of ERIC descriptors* (12th ed.). Phoenix, AZ: Oryx Press.

Eisner, E. W. (1991). *The enlightened eye: Qualitative inquiry and the enhancement of educational practice.* New York: Macmillan.

Elbow, P (1973). *Writing without teachers.* London: Oxford University Press.

Enns, C. Z., & Hackett, G. (1990). Comparison of feminist and nonfeminist women's reactions to variants of nonsexist and feminist counseling. *Journal of Counseling Psychology, 37*(1), 33-40.

Fay, B. (1987). *Critical social science.* Ithaca, NY: Cornell University Press.

Finders, M. J. (1996). Queens and teen zincs: Early adolescent females reading their way toward adulthood. *Anthropology and Education Quarterly, 27*, 71-89.

Fink, A. (1995). *The survey handbook* (Vol. 1). Thousand Oaks, CA: Sage.

Firestone, W. A. (1987). Meaning in method: The rhetoric of quantitative and qualitative research. *Educational Researcher, 16*, 16-21.

Flinders, D. J., & Mills, G. E. (Eds.). (1993). *Theory and concepts in qualitative research: Perspectives from the field.* New York: Teachers College Press.

Fowler, F. J. (2002). *Survey research methods* (3rd ed). Thousand Oaks, CA: Sage.

Franklin, J. (1986). *Writing for story: Craft secrets of dramatic nonfiction by a two-time Pulitzer prize-winner.* New York: Atheneum.

Gamson, J. (2000). Sexualities, queer theory, and qualitative research. In N. K. Denzin & Y. S. Lincoln (Eds.), *Handbook of qualitative research* (pp. 347-365). Thousand Oaks, CA: Sage.

Glesne, C., & Peshkin, A. (1992). *Becoming qualitative researchers: An introduction.* White Plains, NY: Longman.

Goldberg, N. (1986). *Writing down the bones.* Boston: Shambhala.

Gravetter, F. J., & Wallnau, L. B. (2000). *Statistics for the behavioral sciences* (5th ed.). Belmont, CA: Wadsworth/Thomson Learning.

Greene, J. C., & Caracelli, V. J. (Eds.). (1997). *Advances in mixed-method evaluation: The challenges and benefits of integrating diverse paradigms* (New Directions for Evaluation No. 74). San Francisco: Jossey-Bass.

Greene, J. C., Caracelli, V. J., & and Graham, W. F (1989). Toward a conceptual framework for mixed-method evaluation designs. *Educational Evaluation and Policy Analysis, 11*(3), 255-274.

Heron, J., & Reason, P. (1997). A participatory inquiry paradigm. *Qualitative Inquiry, 3*, 274-294.

Homans, G. C. (1950). *The human group.* New York: Harcourt, Brace.

Hopkins, T. K. (1964). *The exercise of influence in small groups.* Totowa, NJ: The Bedmister Press.

Hopson, R. K., Lucas, K. J., & Peterson, J. A. (2000). HIV/AIDS talk: Implications for prevention intervention and evaluation. In R. K. Hopson (Ed.), *How and why language matters in evaluation* (New Directions for Evaluation No. 86). San Francisco: Jossey-Bass.

Hossler, D., & Vesper, N. (1993). An exploratory study of the factors associated with parental savings for postsecondary education. *Journal of Higher Education*, *64*(2), 140-165.

Houtz, L. E. (1995). Instructional strategy change and the attitude and achievement of seventh- and eighth-grade science students. *Journal of Research in Science Teaching*, *32* (6), 629-648.

Huber, J., & Whelan, K. (1999). A marginal story as a place of possibility: Negotiating self on the professional knowledge landscape. *Teaching and Teacher Education*, *15*, 381-396.

Humbley, A. M., & Zumbo, B. D. (1996). A dialectic on validity: Where we have been and where we are going. *The Journal of General Psychology*, *123*, 207-215.

Institute for Scientific Information. (1969-). *Social sciences citation index.* Philadelphia: Institute for Scientific Information.

Isaac, S., & Michael, W. B. (1981). *Handbook in research and evaluation: A collection of principles, methods, and strategies useful in the planning, design, and evaluation of studies in education and the behavioral sciences* (2nd ed.). San Diego: EDITS Publisher.

Janovec, T. (2001). *Procedural justice in organizations: A literature map.* Unpublished manuscript, University of Nebraska—Lincoln.

Janz, N. K., Zimmerman, M. A., Wren, P. A., Israel, B. A., Freudenberg, N., & Carter, R. J. (1996). Evaluation of 37 AIDS prevention projects: Successful approaches and barriers to program effectiveness. *Health Education Quarterly*, *23*(1), 80-97.

Jick, T. D. (1979, December). Mixing qualitative and quantitative methods: Triangulation in action. *Administrative Science Quarterly*, *24*, 602-611.

Jungnickel, P. W. (1990). *Workplace correlates and scholarly performance of pharmacy clinical faculty members.* Unpublished manuscript, University of Nebraska—Lincoln.

Kalof, L. (2000). Vulnerability to sexual coercion among college women: A longitudinal study. *Gender Issues*, *18*(4), 47-58.

Keeves, J. P. (Ed.). (1988). *Educational research, methodology, and measurement: An international handbook.* Oxford, UK: Pergamon.

Kemmis, S., & Wilkinson, M. (1998). Participatory action research and the study of practice. In B. Atweh, S. Kemmis, & P. Weeks (Eds.), *Action research in practice: Partnerships for social justice in education* (pp. 21-36). New York: Routledge.

Keppel, G. (1991). *Design and analysis: A researcher's handbook* (3rd ed.). Englewood Cliffs, NJ: Prentice-Hall.

Kerlinger, F. N. (1979). *Behavioral research: A conceptual approach.* New York: Holt, Rinehart and Winston.

Kline, R. B. (1998). *Principles and practice of structural equation modeling.* New York: Guilford.

Kos, R. (1991). Persistence of reading disabilities: The voices of four middle school students. *American Educational Research Journal*, *28*(4), 875-895.

Krol, E. (1993). *The whole Internet: User's guide and catalog.* Sebastopol, CA: O'Reilly & Associates.

Kunes, M. V. (1991). *How the workplace affects the self-esteem of the psychiatric* nurse. Unpublished proposal, University of Nebraska—Lincoln.

Kushman, J. W. (1992, February). The organizational dynamics of teacher workplace commitment: A study of urban elementary and middle schools. *Educational Administration Quarterly*, *28*(1), 5-42.

Labovitz, S., & Hagedorn, R. (1971). *Introduction to social research.* New York: McGraw-Hill.

Ladson-Billings, G. (2000). Racialized discourses and ethnic epistemologies. In N. K. Denzin & Y. S. Lincoln (Eds.), *Handbook of qualitative research* (2nd ed., pp. 257-277). Thousand Oaks, CA: Sage.

Lather, P. (1986). Research as praxis. *Harvard Educational Review*, *56*, 257-277.

Lather, P. (1991). *Getting smart: Feminist research and pedagogy with/in the postmodern.* New York: Routledge.

Lauterbach, S. S. (1993). In another world: A phenomenological perspective and discovery of meaning in mothers' experience with death of a wished-for baby: Doing phenomenology. In P. L. Munhall & C. O. Boyd (Eds.), *Nursing research: A qualitative perspective* (pp. 133-179). New York: National League for Nursing Press.

LeCompte, M. D., & Schensul, J. J. (1999). *Designing and conducting ethnographic research.* Walnut Creek, CA: AltaMira.

Leslie, L. L. (1972). Are high response rates essential to valid surveys? *Social Science Research*, *1*, 323-334.

Lincoln, Y. S., & Guba, E. G. (1985). *Naturalistic inquiry.* Beverly Hills, CA: Sage.

Lincoln, Y. S., & Guba, E. G. (2000). Paradigmatic controversies, contradictions, and emerging confluences. In N. K. Denzin & Y. S. Lincoln (Eds.), *Handbook of qualitative research* (2nd ed., pp. 163-188). Thousand Oaks, CA: Sage.

Lipsey, M. W. (1990). *Design sensitivity: Statistical power for experimental research.* Newbury Park, CA: Sage.

Locke, L. F., Spirduso, W. W., & Silverman, S. J. (2000). *Proposals that work: A guide for planning dissertations and grant proposals* (4th ed.). Thousand Oaks, CA: Sage.

Lysack, C. L., & Krefting, L. (1994). Qualitative methods in field research: An Indonesian experience in community based practice. *The Occupational Therapy Journal of Research*, *14* (20), 93-110.

A manual of style. (1982). Chicago: University of Chicago Press.

Marshall, C., & Rossman, G. B. (1999). *Designing qualitative research* (3rd ed.). Thousand Oaks, CA: Sage.

Mascarenhas, B. (1989). Domains of state-owned, privately held, and publicly traded firms in international competition. *Administrative Science Quarterly*, *34*, 582-597.

Maxwell, J. A. (1996). *Qualitative research design: An interactive approach.* Thousand Oaks, CA: Sage.

McCracken, G. (1988). *The long interview.* Newbury Park, CA: Sage.

Megel, M. E., Langston, N. F., & Creswell, J. W. (1988). Scholarly productivity: A survey of nursing faculty researchers. *Journal of Professional Nursing*, *4*, 45-54.

Merriam, S. B. (1998). *Qualitative research and case study applications in education.* San Francisco: Jossey-Bass.

Mertens, D. M. (1998). *Research methods in education and psychology: Integrating diversity with quantitative and qualitative approaches.* Thousand Oaks, CA: Sage.

Mertens, D. M. (2003). Mixed methods and the politics of human research: The transformative-emancipatory perspective. In A. Tashakkori & C. Teddlie (Eds.), *Handbook of mixed methods in the social and behaviorial sciences.* Thousand Oaks, CA: Sage.

Miles, M. B., & Huberman, A. M. (1994). *Qualitative data analysis: A sourcebook of new methods* (2nd ed.). Newbury Park, CA: Sage.

Miller, D. (1992). *The experiences of a first-year college president: An ethnography.* Unpublished dissertation proposal, University of Nebraska—Lincoln.

Miller, D. C. (1991). *Handbook of research design and social measurement* (5th ed.). Newbury Park, CA: Sage.

Moore, D. (2000). Gender identity, nationalism, and social action among Jewish and Arab women in Israel: Redefining the social order? *Gender Issues*, *18*(2), 3-28.

Morgan, D. (1998). Practical strategies for combining qualitative and quantitative methods: Applications to health research. *Qualitative Health Research*, *8*(3), 362-376.

Morse, J. M. (1991). Approaches to qualitative-quantitative methodological triangulation. *Nursing Research*, *40*(1), 120-123.

Morse, J. M. (1994). Designing funded qualitative research. In N. K. Denzin & Y. S. Lincoln (Eds.), *Handbook of qualitative research* (pp. 220-235). Thousand Oaks, CA: Sage.

Moustakas, C. (1994). *Phenomenological research methods.* Thousand Oaks, CA: Sage.

Murguia, E., Padilla, R. V., & Pavel, M. (1991). Ethnicity and the concept of social integration in Tinto's model of institutional departure. *Journal of College Student Development*, *32*, 433-439.

Murphy, J. P. (with Rorty, R.). (1990). *Pragmatism: From Peirce to Davidson.* Boulder, CO: Westview Press.

Nesbary, D. K. (2000). *Survey research and the World Wide Web.* Boston: Allyn and Bacon.

Neuman, S. B., & McCormick, S. (1995). (Eds.). *Single-subject experimental research: Applications for literacy.* Newark, DE: International Reading Association.

Neuman, W. L. (1991). *Social research methods: Qualitative and quantitative approaches.* Boston: Allyn and Bacon.

Neuman, W. L. (2000). *Social research methods: Qualitative and quantitative approaches* (4th ed.). Boston: Allyn and Bacon.

Newman, I., & Benz, C. R. (1998). *Qualitative-quantitative research methodology: Exploring the interactive continuum.* Carbondale: Southern Illinois University Press.

Nieswiadomy, R. M. (1993). *Foundations of nursing research* (2nd ed.). Norwalk, CT: Appleton & Lange.

Olesen, V. L. (2000). Feminism and qualitative research at and into the millennium. In N. K. Denzin & Y. S. Lincoln (Eds.), *Handbook of qualitative research* (2nd ed., pp. 215-255). Thousand Oaks, CA: Sage.

Padula, M. A., & Miller, D. L. (1999). Understanding graduate women's reentry experiences. *Psychology of Women Quarterly*, *23*, 327-343.

Patton, M. Q. (1990). *Qualitative evaluation and research methods* (2nd ed.). Newbury

Park, CA: Sage.
Phillips, D. C., & Burbules, N. C. (2000). *Postpositivism and educational research.* Lanham, MD: Rowman & Littlefield.
Punch, K. F. (1998). *Introduction to social research: Quantitative and qualitative approaches.* London: Sage.
Reichardt, C. S., & Mark, M. M. (1998). Quasi-experimentation. In L. Bickman & D. J. Rog (Eds.), *Handbook of applied social research methods* (pp. 193-228). Thousand Oaks, CA: Sage.
Reichardt, C. S., & Rallis, S. E. (Eds.). (1994). *The qualitative-quantitative debate: New perspectives* (New Directions for Program Evaluation No. 61). San Francisco: Jossey-Bass.
Rhoads, R. A. (1997). Implications of the growing visibility of gay and bisexual male students on campus. *NASPA Journal*, *34*(4), 275-286.
Richardson, L. (1990). *Writing strategies: Reaching diverse audiences.* Newbury Park, CA: Sage.
Richie, B. S., Fassinger, R. E., Linn, S. G., Johnson, J., Prosser, J., & Robinson, S. (1997). Persistence, connection, and passion: A qualitative study of the career development of highly achieving African American-Black and White women. *Journal of Counseling Psychology*, *44*(2), 133-148.
Riemen, D. J. (1986). The essential structure of a caring interaction: Doing phenomenology. In P. M. Munhall & C. J. Oiler (Eds.), *Nursing research: A qualitative perspective* (pp. 85-105). Norwalk, CT: Appleton-Century-Crofts.
Rorty, R. (1983). *Consequences of pragmatism.* Minneapolis: University of Minnesota Press.
Rorty, R. (1990). Pragmatism as anti-representationalism. In J. P. Murphy (Ed.), *Pragmatism: From Peirce to Davidson* (pp. 1-6). Boulder, CO: Westview Press.
Rosenthal, R., & Rosnow, R. L. (1991). *Essentials of behavioral research: Methods and data analysis.* New York: McGraw-Hill.
Ross-Larson, B. (1982). *Edit yourself: A manual for everyone who works with words.* New York: W. W. Norton.
Rossman, G. B., & Rallis, S. F. (1998). *Learning in the field: An introduction to qualitative research.* Thousand Oaks, CA: Sage.
Rossman, G. B., & Wilson, B. L. (1985). Numbers and words: Combining quantitative and qualitative methods in a single large-scale evaluation study. *Evaluation Review*, *9*(5), 627-643.
Rudestam, K. E., & Newton, R. R. (1992). *Surviving your dissertation.* Newbury Park, CA: Sage.
Salant, P., & Dillman, D. A. (1994). *How to conduct your own survey.* New York: John Wiley & Sons.
Salkind, N. (1990). *Exploring research.* New York: Macmillan.
Schwandt, T. A. (1993). Theory for the moral sciences: Crisis of identity and purpose. In D. J. Flinders & G. E. Mills (Eds.), *Theory and concepts in qualitative research: Perspectives from the field* (pp. 5-23). New York: Teachers College Press.
Schwandt, T. A. (2000). Three epistemological stances for qualitative inquiry. In N. K. Denzin and Y. S. Lincoln (Eds.), *Handbook of qualitative research* (2nd ed., pp. 189-

213). Thousand Oaks, CA: Sage.

Schwandt, T. A. (2001). *Dictionary of qualitative inquiry* (2nd ed.). Thousand Oaks, CA: Sage.

Sieber, J. E. (1998). Planning ethically responsible research. In L. Bickman & D. J. Rog (Eds.), *Handbook of applied social research methods* (pp. 127-156). Thousand Oaks, CA: Sage.

Sieber, S. D. (1973). The integration of field work and survey methods. *American Journal of Sociology*, *78*, 1 335-1 359.

Slife, B. D., & Williams, R. N. (1995). *What's behind the research? Discovering hidden assumptions in the behavioral sciences.* Thousand Oaks, CA: Sage.

Smith, J. K. (1983, March). Quantitative versus qualitative research: An attempt to clarify the issue. *Educational Researcher*, *12*, 6-13.

Sociological abstracts. (1953-). San Diego: Author.

Spradley, J. P. (1980). *Participant observation.* New York: Holt, Rinehart & Winston.

Stake, R. E. (1995). *The art of case study research.* Thousand Oaks, CA: Sage.

Steckler, A., McLeroy, K. R., Goodman, R. M., Bird, S. T., & McCormick, L. (1992). Toward integrating qualitative and quantitative methods: An introduction. *Health Education Ouarterly*, *19*(1), 1-8.

Steinbeck, J. (1969). *Journal of a novel: The East of Eden letters.* New York: Viking.

Strauss, A., & Corbin, J. (1990). *Basics of qualitative research: Grounded theory procedures and techniques.* Thousand Oaks, CA: Sage.

Strauss, A., & Corbin, J. (1998). *Basics of qualitative research: Grounded theory procedures and techniques* (2nd ed.). Thousand Oaks, CA: Sage.

Sudduth, A. G. (1992). *Rural hospitals' use of strategic adaptation in a changing health care environment.* Unpublished doctoral dissertation, University of Nebraska.

Tarshis, B. (1982). *How to write like a pro: A guide to effective nonfiction writing.* New York: New American Library.

Tashakkori, A., & Teddlie, C. (1998). *Mixed methodology: Combining qualitative and quantitative approaches.* Thousand Oaks, CA: Sage.

Tashakkori, A., & Teddlie, C. (Eds.). (2003). *Handbook of mixed methods in the social and behavioral sciences.* Thousand Oaks, CA: Sage.

Terenzini, P. T., Cabrera, A. F., Colbeck, C. L., Bjorklund, S. A., & Parente, J. M. (2001). Racial and ethnic diversity in the classroom. *The Journal of Higher Education*, *72*(5), 509-531.

Tesch, R. (1990). *Qualitative research: Analysis types and software tools.* New York: Falmer.

Thomas, G. (1997). What's the use of theory? *Harvard Educational Review*, *67*(1), 75-104.

Thomas, J. (1993). *Doing critical ethnography.* Newbury Park, CA: Sage.

Thorndike, R. M. (1997). *Measurement and evaluation in psychology and education* (6th ed.). New York: Macmillan.

Trujillo, N. (1992). Interpreting (the work and the talk of) baseball: Perspectives on ballpark culture. *Western Journal of Communication*, *56*, 350-371.

Tuckman, B. W. (1999). *Conducting educational research* (5th ed.). Fort Worth, TX: Harcourt, Brace College Publishers.

Turabian, K. L. (1973). *A manual for writers of term papers, theses, and dissertations* (4th ed.). Chicago: University of Chicago Press.

University Microfilms. (1938-). *Dissertation abstracts international.* Ann Arbor, MI: Author.

VanHorn-Grassmeyer, K. (1998). *Enhancing practice: New professional in student affairs.* Unpublished doctoral dissertation, University of Nebraska—Lincoln.

Van Maanen, J. (1988). *Tales of the field: On writing ethnography.* Chicago: University of Chicago Press.

Vernon, J. E. (1992). *The impact of divorce on the grandparent/grandchild relationship when the parent generation divorces.* Unpublished doctoral dissertation, University of Nebraska—Lincoln.

Vogt, W. P. (1999). *Dictionary of statistics and methodology: A nontechnical guide for the social sciences* (2nd ed.). Thousand Oaks, CA: Sage.

Webb, R. B., & Glesne, C. (1992). Teaching qualitative research. In M. D. LeCompte, W. L. Millroy, & J. Preissle (Eds.), *The handbook of qualitative research in education* (pp. 771-814). San Diego: Academic Press.

Webb, W. H., Beals, A. R., & White, C. M. (1986). *Sources of information in the social sciences: A guide to the literature* (3rd ed.). Chicago: American Library Association.

Weitzman, E. A., & Miles, M. B. (1995). *Computer programs for qualitative data analysis.* Thousand Oaks, CA: Sage.

Weitzman, P. F., & Levkoff, S. E. (2000). Combining qualitative and quantitative methods in health research with minority elders: Lessons from a study of dementia caregiving. *Field Methods*, *12*(3), 195-208.

Wilkinson, A. M. (1991). *The scientist's handbook for writing papers and dissertations.* Englewood Cliffs, NJ: Prentice Hall.

Wolcott, H. T. (1994). *Transforming qualitative data: Description, analysis, and interpretation.* Thousand Oaks, CA: Sage.

Wolcott, H. T. (1999). *Ethnography: A way of seeing.* Walnut Creek, CA: AltaMira.

Wolcott, H. T. (2001). *Writing up qualitative research* (2nd ed.). Thousand Oaks, CA: Sage.

Yin, R. K. (1989). *Case study research: Design and methods.* Newbury Park, CA: Sage.

Ziller, R. C. (1990). *Photographing the self. Methods for observing personal orientations.* Newbury Park, CA: Sage.

Zinsser, W. (1983). *Writing with a word processor.* NewYork: Harper Colophon Books.